KB137917

휴앤스토리

추천글

"나는 그저 선명한 이미지들 밖에 없다.
이 이미지들을 글로 쓰다 보니
그제야 설명들이 또렸이 내게 다가온다.
나는 대부분의 진실을, 오직 그것들에 대해 쓰면서만
명확하게 보게 된다."

스탕달의 이 같은 글쓰기에 관한 생각을 증명해 보이기라도 하듯 저자는 〈쓰기〉에 몰두하고 있다. 이미지 사냥, 즉 사진작업과 이에 스토리를 불어 넣는 두 가지 방법을 통해서이다. 휴머니즘 사진가의 눈으로, 그리고 상상력 넘치는 소설가의 감성으로 엮어 재미나게 보여주고 들려주고 있다. 꼬리를 물게 하는 회상들은 끊임없이 새로운 공간을 만들어 나가고 있다. 번뜩이는 재치와 유머 감각이 돋보인다.

'쓴다는 것은 우리를 변화시키는 일이기도 하다. 우리는 우리가 누구라는 것에 따라 쓰는 것이 아니라 우리가 쓰는 것에 의해 우리 자신이 결정된다.'라고 한 모리스 블랑쇼의 일갈도 저자는 터득

하고 있는 듯하다. 〈나〉라는 존재는 쓰지 않는 한, 써서 재조명하지 않는 한, 그 아무것도 아닌 한 조각 파편이나 이미지에 불과하다는 사실을 이해하고 〈쓰기〉 작업을 실천에 옮기고 있는가 한다.

저자는 글을 씀으로서 또 다시 떠나고 있다. 떠남은 새로운 한 공간을 만나는 일이다. 오래간 〈에트랑제[étranger]〉의 삶을 살아 온, 더 정확하게 말하자면 〈운명적 방랑자〉로 산 저자의 이 공간은 우리 모두에게도 열려있다. 돈Kim호테 김진만이 제시하는 이 거대한 공간은 불어 표현을 빌리자면 〈Espace qui se souvient〉이다. 그가 우리에게 제시하는 이 〈공간〉은 그의 삶을 기억하고 다시 창조해 나가는 산실이다.

이 별난 돈Kim호테와 함께 유쾌한 공간 여행을 떠나 보지 않겠는가?

박조셉(학순) 교수 불문학 박사

프롤로그

여행에서 우리는 새로운 세상과의 만남을 경험한다. 이를 통해 자신을 돌아보는 기회를 갖게 되기도 하고 다른 이들의 삶의 방식을 깨우치거나 낡은 관습의 틀을 벗는 계기가 되기도 한다. 증명사진 찍기 식의 흔적 쌓기 나들이가 아니라, 오롯이 혼자 사색할 수 있는 시간을 가져보고자 하였기에 별다른 준비 없이 옆 마을 산책 하듯 홀가분하게 집을 나섰다.

그렇게 떠난 낯선 곳의 풍경과 여정 중 겪은 순간순간의 심경들을 사소한 대목일지라도 세세하고 진솔하게 적어 보았다. 이어지는 독백은 언제부터인가 마음 중심을 잃고 허적이는 자신에 대한 반성이기도 하고, 살아가는 중에 끊임없이 맞닥트리는 선택의 문제와 영혼의 안식에 관한 나의 소회素懷이기도 하다.

길목마다에 스치는 풍경을 가능한 많이 카메라에 담아 보탰다. 생각과 활자의 괴리 때문이거나 짧은 문장력 탓이거나 간에 글로는 온전히 그려낼 수 없는 부분까지 최대한 보여주고 싶어서였다. 수시로 오래 전 시간으로 넘나드는 타임머신을 타기도 했고, 잘 알려지지 않은 외교관의 생활상을 살짝 엿보이기도 하였다.

겨우 1박 2일간 소풍에 따른 이야기지만 연관되어 펼쳐지는 글들이 짧지 않다. 그래서 단순히 기행문이라기보다 생각과 재미를 품어 만든 사진소설[Photo roman]이라 해도 좋지않을까 감히 생각해 본다. 아무튼 잔잔하게 음악 감상하듯 읽혀지면 좋겠다 싶은데, 그러는 중에 조금이라도 마음 편한 미소가 번지는 시간이 될 수 있다면 더 바랄게 없겠다.

바람부는 세느 강가에서

차 례

출정

5월 첫날 새벽에

페리페리크 : 파리 외곽 순환 도로.
총연장 길이 35.04km (파리의 총면적은 105.4km²)

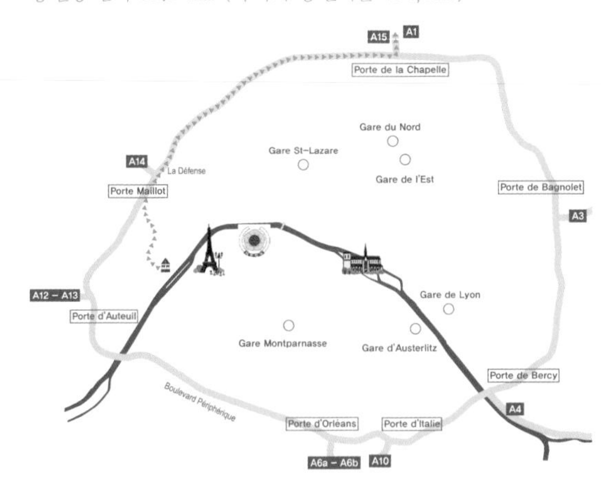

출발

가로등들이 졸리운 눈으로 멀거니 늘어서 있었다. 멋쟁이들의 거리 파시를 지나 아직 잠에서 덜 깬 불로뉴 숲 발치를 슬쩍 걷어차고는 큰길로 나선다. 연초록 이파리들의 숨결로 촉촉한 새벽 공기를 부드럽게 가르며 미끄러지듯 포르트 드 파시Porte de Passy로 진입해 순환 도로 페리페리크Périphérique에 올라섰다. 파리를 동그랗게 보듬고 있는 페리페리크를 따라 완만한 곡선을 그리다가 프랑스 스타디움 쪽으로 빠지는 포르트 드 라 샤펠porte de la chapelle에서 왼편으로 크게 핸들을 휘감는다.

순환 도로를 내려서는 램프 우편에 낯익은 광고판 두 개가 키다리 빌딩 꼭대기에 걸터앉아 눈을 껌뻑인다. 한쪽은 청군 머리띠를 두르고 텔레비전에 휴대 전화까지 있다 외치고, 다른 쪽은 홍군인 듯 빨갛게 상기된 얼굴로 Life's Good이라며 방그레 웃고 있다. 라이프'즈 굿? live the good life 또는 즐거운 인생쯤으로 해석하면 될까? 의미를 알듯 모를 듯하지만, 여하튼 둘 다 대단하다 싶다. 멋쟁이 도시 파리를 드나드는 관문에 수문장처럼 떡하니 자리하고 있다니 말이다. 같은 높이로 나란히 버티어 선 우리나라 두 대표 기업의 광고판이 천하대장군天下大將軍, 지하여장군地下女將軍장승 닮았다는 생각을 해 가며 천천히 A1 고속도로의 고삐를 낚아챘다.

눈부신 햇살 때문에

그 순간, 차창에 번뜩인 아침햇살 때문인지 아뜩 현기증이 일었다. 왜 이러지? 갑자기 내가 왜 이러지? 번호판 숫자는 그렇다 치고, 열심히 밟아대고 있는 내 고물차의 차종이 뭐더라 하여 보는데 그마저도 아리송하다. 벤, 벤… 아니야, 벤이 아니라 승용차지. 그게 아니라, 벤, 뭐였지? 벤허? 밴댕이? 이럴 수가! 갑자기 치매가 찾아온 것도 아닐 터인데 늘 타고 다니는 벤츠라는 차종은 떠오르지 않고 엉뚱하게도 로시난테라는 단어가 튀어나온다. 거기다 집에 두고 온 충복 슈나우저의 이름을 떠올려 보려 했으나 도통 헛갈리기만 한다. '미키'라는 애칭 대신 자꾸만 '산초'라는 이름이 떠오르고, 지금 가르고 있는 이 들판이 '라 만차의 들판' 인가 여겨지기도 한다.

뿐만이 아니었다. 내가 누구더라 자문해 보는데 성이 김Kim이라는 것까지는 기억나나 이름은 끝내 혀끝에서 아물거리기만 한다. 이를 어쩌지? 별걱정이다 싶지만, 여행 중에 누구와 통성명이라도 하게 된다면 어찌한단 말인가. 다만, 내가 아저씨인 건 분명한 듯했으므로 그냥 김 아저씨, 돈 킴Don. Kim이라 할까? 그런데 상대방이 이름을 물어오면? 돈 킴, 돈 킴… 그래, 그냥 '돈킴호테'라 하자! 이른 새벽 불쑥 풍차 마을 구경길에 오른 터라 돈키호테가 연상되었는지도 모를 일이나 아무튼 그리함도 괜찮겠거니 한다.

좀 웃기는 일 같기는 해도 그리 생각하자 편안한 마음이 된다. 돈키호테의 살짝 맛이 간 동생쯤으로 자처한다면, 차림새며 언행 등에 신경이 덜 쓰일 듯 여겨져 좋다. 아무래도 눈부신 5월 햇살 때문인가도 하지만, 어쨌든 나는 졸지에 400년 전의 우스꽝스러운 시골지주 알론소 끼하노Alonso Quijano가 되어버린 것도 같았는데 참 희한한 일도 다 있다 할 뿐이다. 그 바람에 기분은 좋아졌다. 이 푸른 들판을 지나 풍차 마을에 이르면 많은 적들이 숨어 있을 거야! 동틀 무렵 라 만차 들판을 지나던 돈키호테가 둘시네아 공주를 그리며 중얼거렸듯, 나는 돈 킴호테의 출정가라며 괴테의 '5월의 노래'를 읊어대고 있었다.

출정가

오오 찬란하다
자연의 빛
해는 빛나고
들은 웃는다.

나뭇가지마다
꽃은 피어나고
떨기 속에서는
새의 지저귐.

넘쳐 터지는
가슴의 기쁨
대지여 태양이여
행복이여 환희여

사랑이여 사랑이여
저 산과 산에 걸린
아침 구름과 같은
금빛 아름다움.

그 기막힌 은혜는
신선한 들에
꽃 위에 넘친다.
한가로운 땅에.

소녀여 소녀여
나는 너를 사랑한다
오오 반짝이는 네 눈
나는 너를 사랑한다.

종달새가
노래와 산들바람을 사랑하고
아침의 꽃이
공기의 향기를 사랑하듯이.

뜨거운 피 설레며
나는 너를 사랑한다.
너는 내게 청춘과
기쁨과 용기를 부어라.

새로운 노래와
댄스로 나를 몰고 간다.
그대여 영원히 행복하여라.
나를 향한 사랑과 더불어

5월의 노래 - 괴테

5월! 생각만 해도 기분 좋아지는 달이다. 태양은 빛나고 들판은 웃는다고 노래한 그 5월에 내가 세상에 태어났고, 아내의 생일이 있고, 가까운 친구 녀석 귀빠진 날도 있다. 어린이날, 어버이날이며 스승의 날도 있고, 설날, 추석과 함께 3대 명절로 지켜지던 단오도 있지 아니한가. 5월은 그래서 한층 더 내 마음을 설레게 한다. 작년 5월은 예기치 않게 덮쳐온 우울과 씨름하느라 한 줌 햇살도 느끼지 못하고 보내었기에 이번에는 더욱 나를 들썩이게 하고 있다. 그리하여 5월 첫날, 노동절과 이어지는 연휴에 어디로든 훌쩍 떠나 보고자 하였다. 1년여 파리 생활 동안 겪은 마음 혼란을 추스르는 시간을 가져 볼 수 있지 않을까 싶어서였다.

어디로 가 볼지 정하는 데는 그리 많은 시간이 걸리지 않았다. 5월 햇살 아래라면 어디든 상쾌하겠지만, 화사한 꽃잎과 연초록 잎사귀들이 많으면 좋겠다 하였다. 싱그러운 초원에 산들바람이 곁들인다면 더욱 신이 나겠으나 자연 풍광만으로는 살짝 부족할지도 모르니 멋진 그림이라든가 의미 있는 옛 자취가 남아 있는 곳이면 더욱 좋겠다 생각하던 중이었다. 아름다운 꽃과 싱그러운 초원과 살랑이는 미풍, 그리고 오래된 것 또는 고풍스러움과 걸작과의 만남. 그러다 보니 자연스레 그려지는 모양이 풍차와 꽃이 있는 들판과 미술관이었다. 그리로 휘돌아다니며 5월 향기에 젖다 보면 까짓것 일상의 시름쯤이야 휘리릭 날려버릴 수도 있겠지 하였다.

그래, 풍차와 튤립과 고흐다. 망설일 것 없이 네덜란드로 방향을 잡았다. 그 나라의 독립 기념일이 5월 5일이고, 국경일인 여왕의 날이 5월 바로 전날이라 함도 호감 갖게 한다. 내가 태어난 나의 날은 5월 마지막 날인데... 일단 형님 호테 돈키호테처럼 풍차 앞으로 돌진하자. 휘적이는 풍차 날개에 부딪히며 마음 구석 헝클어져 있는 갈등들을 커다란 날개에 실어 휘휘 날려 버리자. 그리고 후련한 기분으로 튤립 꽃밭을 거닐며 좀 더 밝고 맑게 마음을 가라앉혀 보리라. 차분한 가슴이 되면 고뇌하는 화가 고흐도 만나 보자. 해바라기와 밀밭 그림도 다시 보고, 잘려나간 고흐의 귓밥을 어루만지고 구멍 난 그의 가슴을 쓰다듬으며 내 병든 마음도 쓰다듬자.

그래, 당장 떠나자!

유채꽃, 인터넷 혹은 비행기

파트리샤 카스와 노래부르며

이른 시각 한산한 거리라 속도계 바늘이 가파르게 일어서고, 동그라미 파리는 도넛 담배 연기처럼 뱅글거리다 빠르게 멀어져 갔다. 그렇게 도심을 막 벗어나는가 싶었는데 한줄기 소란이 차창을 훑는다. 흘깃 내다본 창 너머로 배꼽을 드러내며 비상하는 여객기가 스치고, 우렁우렁 울림이 남아 있는 들판 저만치에는 키다리 관제탑을 대동한 드골 공항이 뚜벅 다가선다. 거무스레 육중한 모습이 큼직한 비늘 등과 뿔 돋은 꼬리를 가진 스테고사우루스 공룡 닮았다. 혼자만 키가 커 뻘쭘해 보이는 관제탑이 하늘길 정리로 바쁜 와중에도 길게 목을 빼고 묵례를 건넨다. 나는 답례라도 되는 양 하이 빔 레버를 두어 번 당겨 껌뻑여 주고는 다시 오른발에 힘을 가한다.

출 발 이 다.

상쾌한
5월 첫날
아침이다.

샤를 드골 공항

관제탑의 환송도 받았으니 이제 본격적으로 장거리 주행에 돌입할 채비를 한다. 점차 빠르게 바들대는 속도계 바늘을 흘깃거리며 백미러며 안전벨트 등을 재점검하는 사이 소란스럽던 공항도 스르르 멀어지고 폭신한 양탄자 닮은 초록 들판이 넓게 펴질러진다. 도심을 벗어난 지 채 한 시간도 지나지 않았는데 빠르게 농촌 풍경 속으로 묻혀들었다. 시원하게 펼쳐진 초원은 벙싯대며 떠오르기 시작한 아침 해를 맞느라 들썩이고, 창공으로 날아오르는 들새들은 산들바람을 타고 춤춘다.

'정말 난 믿어요, 그가 말하는 모든 것을, 나만의 남자이니까…' 라디오에서는 파트리샤 카스의 '나만의 남자Mon Mec A Moi'가 호소하듯 파닥대고 있었다. 아침 시간에 울려 퍼지기에는 좀 강한 리듬이다 싶지만, 출성을 위한 행진곡처럼 느껴지기도 하여 좋다. '그는 내게 거짓말을 하죠. 그의 이야기들은 진짜가 아니지만, 하지만 난 정말 믿어요. 나는 그가 내게 말한 모든 것을 믿어요.' 그래, 사랑은 믿음을 먹고 피어나는 꽃이지. 프시케처럼 역경을 겪지 않고도 기쁨이를 낳을 수 있는 건 바로 그 믿음이라는 것뿐이네. 의심을 품지 말게나. 사랑은 채움이 아니라 비움으로써 얻는 거지. 호소력 넘치는 그녀의 노래를 따라 핸들을 토닥거려가며 생기 충만한 5월 들판을 여유롭게 가른다.

초록 들판,
노랑 꽃판

프랑스의 넓고 윤기 흐르는 들판은 볼 때마다 탄성을 자아내게 한다. 도대체 농지의 경계선이라는 게 존재하는지 모를 정도로 사방이 여유롭다. 산간 마을인 내 고향 들녘은 세대당 가진 땅이 모두 고만고만한 탓에 소유 농지의 경계가 되는 논두렁 밭두렁은 자연히 누에 몸짓처럼 꼬물거렸다. 옛 시절 우리 농촌에서라면 자투리땅이나 산자락 비탈밭에서 자리 잡았을 옥수수와 해바라기, 심지어 가축 사료용으로나 쓰일 수수 등도 여기서는 펀펀하게 넓은 평원에서 번듯하게 가꾸어지고 있다. 부럽다. 아기자기하기는 하나 그리 여유롭지는 못한 내 고향 농토와 비교되어서일 게다.

고향 들녘을 떠올리다 보니 어릴 적 동무들 앞에서 머쓱해졌던 일이 상기된다. 어디서 주워들은 소리로 '축구장(7,140㎡)은 논 열 마지기쯤 돼. 논 한 마지기는 200평이고 밭은 300평을 한 마지기라 하는데 누구네는 논이 몇 마지기이고 누구네는 밭이 몇 마지기…' 하며 아는 척 떠들던 중 더러 재미있어하는 다른 동무들과는 달리 시종 시무룩한 얼굴로 서 있던 녀석 때문이었다. 생각해 보니 그 친구의 처지를 배려하지 못한 경솔한 행동이었는데, 손바닥만한 밭 한 뙈기 없이 오로지 소작으로만 근근이 살아가는 집의 아이였다. 하기야 그 친구네뿐 아니라 그 시절에는 그렇게 어려운 집안이 한둘이 아니었지만,

끝없이 펼쳐지는 초록 들판을 부러워하며 달리는데 샛노란 치마를 두른 노랑 들판이 눈길을 끈다. 유채꽃밭이다. 드넓은 초원 여기저기서 노랑 물감 통을 엎지르고 있는 유채꽃은 세상을 온통 샛노랗게 칠하기라도 할 기세로 무리 지어 넘실거린다. 아침 안개가 아지랑이처럼 피어오르는 꽃 판은 가마솥에서 방금 꺼내 삼베 보자기에 펼쳐 놓은 노란 콩고물 시루떡 판인 양 탐스럽다. 너무 커서 벽 대신 들판에 누워버린 커

다란 타피스리Tapisserie 같기도 한 유채꽃밭 풍경은 아직 제주도에 가 보지 못한 내게는 늘 이채롭다.

유채꽃의 아픈 사연

프랑스 유채꽃의 환한 모습 뒤에는 간단치 않은 아픔이 있다. 미테랑 대통령 시절, 유채 열매 기름이 휘발유 대용 연료로 유망하다 하여 대대적 재배 계획이 추진된 적이 있다. 유채유油는 친환경 연료인 바이오 디젤의 원료로 쓰이고, 바이오 디젤은 경유보다 산소를 많이 포함하고 있기에 산화력이 높아 휘발유나 경유보다 배기가스 배출량이 적다. 그래서 공해 절감을 위한 석유 대체 에너지로 유채꽃을 이용하자는 것으로, 이 유채유로 트랙터도 움직이고 찌꺼기는 가축 사료로 활용하자는 계획이었다.

그런데 이 녀석은 엄청난 먹보다. 그래서 탈이 났다. 즉, 이 프로젝트는 유채꽃이 대식가임을 간과한 면이 있는데, 녹색 환경 운동가들은 이 점에 유의하고 문제를 제기했다. 엄청난 거름이 있어야 하는 유채꽃을 재배하기 위해 많은 양의 화학 비료와 농약을 사용한다면, 이에 따른 토양과 수질 오염이 걱정된다는 것이다. 오염된 흙 때문에 식수가 무사하지 못할 것이고, 이 물을 마시는 사람이나 가축이 연쇄적으로 해를 입는다는 주장이다. 결국, 자동차 배기가스로 인한 대기 오염보다 더 심각한 환경 문제를 야기할 것이라는 이유로 거세게 반기를 드는 바람에 대대적 유채꽃 재배 계획은 취소된 바 있다.

그러다 최근에 유채 꽃이 다시 주목받고 있다. 식용으로도 쓰이는 유채유가 다른 식용유보다 저렴할 뿐 아니라 인체에 좋은 오메가 스리 성분을 함유하고 있다 하여 소비가 늘어

나는 추세에 힘입은 결과다. 그렇다면 토양 오염이 걱정된다는 비료나 농약을 덜 뿌려도 잘 자라는 품종을 개발하면 되지 않을까. 즉, 종자 개량을 하자는 것인데 때맞추어 미국에서 유전자를 조작하여 탄생시킨 특별한 씨앗이 등장했다. 이는 씨앗 내부에 이미 농약 성분이 함유되어 있어 번식력이 강하고 수확성이 좋다. 당연히 생산비 절감과 소득 증대에 이바지하기에 빠르게 인기를 끌었다. 굴러 들어온 돌이 박힌 돌을 빼내고 안방을 차지한 셈이다. 하지만 이 개량 품종이 또 다른 논란을 불러일으킨다. 바로 인체에 대한 유해성 여부와 미국 상술에 대한 거부감, 종교적 논쟁까지 가세한 소란이다.

그러니까 유전자 조작GMO : Genetically Modified Organisms은 자연의 섭리를 거스른 행위이며, 이는 종의 정체성을 흔들고 생명과 자연의 신성함에 반하는 신성 모독이라는 거다. 신학자이자 생명윤리학자 알트너G. Altner는 인간과 자연 모두가 같은 유기체이며 창조의 정점은 인간이 아니고 신神이라 주장한다. 그리고 이로부터 얻어진 식품이 인체에 어떤 해악을 끼칠지 알 수 없다는 우려의 목소리도 있다. 또 다른 거부감은 유전자 조작 식물에서 수확한 열매는 씨앗으로 쓸 수 없다는 점이다. 애당초 따로 창조된 씨앗이기 때문에 파종 때마다 새로 씨앗을 사서 뿌려야만 한단다. 농작물을 수확하고 거기서 얻어지는 열매 일부를 씨앗으로 남겼다가 다음 해에 파종하는 순리적 영농 방식과는 근본적으로 다르다. 그래서 개량 종자 씨앗은 매번 개발 특허권을 가지고 있는 미국으로부터 구매해야 하므로 미국만 배를 불리는 상술이라며 반기를 드는 목소리가 있다.

여기에다 정서적 자연관도 목소리를 보탠다. 헤르만 헤세는 '보잘것없는 미물이라 할지라도 나름대로 존재 의미가 있을 것'이기에 그 개체의 가치를 인정하고 사랑할 때 비로소 평화가 구현될 거라고 《정원 일의 즐거움》에서 이야기한다.

자연의 모든 개체들이 각각의 고유성을 보존하며 공존의 틀을 유지해 나갈 때 신성한 기운이 생성되고 이러한 조화의 힘이 평화를 탄생시키므로 그 균형의 틀이 깨어지는 때부터 갈등과 쟁투와 고통의 기운이 발아할 거라 노래한다. 또 다른 고민에 빠진 것이다. 자연의 섭리를 무시하고 창조자 흉내를 내려 한 인간들에 대한 호통일까. 이래저래 유채꽃밭은 보기만큼 마냥 평화롭지만은 않은 듯하다. 어쩌면 조제 보베José Bové(프랑스 농민 운동가)가 다시 트랙터를 몰고 돌진해올지도 모르겠다. 맥도날드 점포를 농장의 트랙터로 들이받아 부숴버렸던 것처럼.

과학 기술 발달 유감

유전자 조작 식물의 이질성 언저리에서 얼쩡이다 보니 괜한 상념이 무한 꽃차례로 피는 유채꽃 송이처럼 꼬리를 물고 불어난다. 과학 기술은 지금껏 인류 번영을 도모하는 데 크게 이바지해 왔다. 하지만 현재의 발달 정도로도 그리 부족하지 않을 만큼의 수준에 다다른 것은 아닐까.

특히 인간 생활의 편리성 확보 면에서는 그러하리라 싶은 생각이 몽글거린다. 그렇다면 이제는 과학 기술이 생산성 향상보다는 인간 삶의 질을 배려하는 방향에 더 큰 의미를 두어야 하지 않을까. 특히 유전자 조작이나 인간 배아 복제 같은 요술은 종국에는 인간의 삶에 부여해 온 가치와 존엄성을 일시에 훼손하게 될지도 모를 일이다. 동식물 개체를 필요성에 따라 언제든 대체 가능한 존재로 여기게 할 수 있기에 인간성의 황폐화가 필연적으로 뒤따르지 않겠는가 싶다. 정말이지 과학 기술의 극한 발달에 따른 인간 소외감 증대는 어떻게 해소할 수 있을는지 걱정이다. 물론 돈킴호테 혼자만의 염려이다.

인터넷이라는 거미줄이 우리를 꽁꽁 휘감아 질식시켜 버릴 날이 머지않았다는 걱정도 한다. 인간이 컴퓨터와 한 묶음이 되어 장소에 구애됨 없이 네트워크에 연결되는 유비쿼터스라는 괴물이 코앞에 와 있다. 극도로 편리해진 통신 환경에서 인간은 그만큼 발가벗겨지게 되고 보이지 않는 손에 얽매이게 될 것이다. 어쩌면 진짜로 1984년의 빅브라더가 나타나 한방에 우리의 숨통을 눌러 버릴지도 모를 일이다. 이처럼 창조주 하느님도 놀라 자빠질 만큼의 요술 같은 일상이 펼쳐질 날이

머지않았다 싶은데, 이제 더 이상 재주를 부리다가는 '보편적 인류의 삶을 윤택하게 한다'는 과학 기술 본연의 목적을 넘어서서 삽시에 자연을 삼켜 버리게 하고, 인류의 미래를 담보할 수 없게 하는 덫으로 작용할지도 모를 일이지 않겠는가.

속도의 문제도 그렇다. 소리보다도 빠른 교통수단이 등장한 지는 이미 옛날이다. 벌써 한 세대 전인 1976년 초, 음속을 뛰어넘어 비행하는 콩코드기가 등장하여 많은 관심을 끌었었다. 초당 최고 속도가 596㎧나 되었다. 하지만 엄청난 소음 공해와 지나치게 높은 운항비 문제에다 추락 사고까지 겹치면서 결국은 날개를 접어야 했었다. 21세기 벽두(2000년 7월 25일(화)) 드골 공항 이륙 직후 추락하여 113명(승객 100명, 승무원 9명, 인근 호텔 투숙객 4명)이나 되는 귀중한 생명을 앗아갔었다. 이에서 보듯 이동 수단으로서의 합리적인 속도 수준을 벗어난 질주는 인간 생활의 여유나 안정감을 그만큼 빠른 속도로 앗아가 버리기도 하지 않는가. 더 빠른 속도가 일정 부분 더 나은 편리성을 선사한다 할지라도 그것이 반드시 인간 삶의 질을 높이는 데 이바지한다 할 수만은 없지 않겠는가.

하늘 위의 호텔이라 불리는 에어버스도 아직 온전히 신뢰할 수만은 없는 상태인 듯하다. 2007년 10월 선보인 A380은 높이 24m, 동체 길이 74m에 날개폭이 80m나 되는 초대형 항공기로 최대 853석까지 확보할 수 있다. 그러나 파리에서 싱가포르로 향하던 중 엔진 4개가 작동되지 않아 2시간 만에 되돌아왔고(2009. 9. 27.), 11월 30일과 12월 15일 뉴욕발 파리행 A380은 내비게이션 문제로 1시간 반 만에 회항하거나 연료 탱크 이상으로 이륙하지 못했었다. 그리고 12월 17일에도 파리발 싱가포르행 A380이 전기 공급 장애로 회항해야 했다. 보잉사의 가장 큰 비행기 B747보다 30%나 더 큰 차세대 친환경 항공기로 주목받고 있던 터였는데 그야말로 '큰 코'를 다칠 뻔했다. 공간 이동 수단으로 더 이상의 크고 빠른 속도가 과연 필요할까 싶은 생각이 들자 내 상상은 널뛰듯 비약한다.

파리 에어 쇼에서 (2009년)

돈. 킴호테Don Kimxote

살짝 미치기

그렇다면, 비즈니스 트립이 아닌 순수한 여행길은 아황산가스 뻥뻥 뿜어내는 휘발유차를 버리고 도보나 마차를 이용하게끔 규제하는 것도 괜찮지 않을까. 직장의 출장 증명서를 지참하지 않으면 통행료를 100배로 내게 하던지... 유채꽃 때문에 별것 아닌 것 같은 일로 예민해지기 시작한 나는 엉뚱스럽게도 괴테의 이탈리아 기행문을 떠올린다.

나는 불과 이틀 사이에 파리에서 벨기에를 거쳐 암스테르담까지 왕복 1,000*km*가 넘는 구간을 더듬어 볼 요량으로 집을 나섰다. 괴테가 칼스바트(뮌헨 근처)를 출발하여 이탈리아를 돌아보는 데 장장 1년 9개월(1786. 9.~1788. 4.)이나 걸렸던 여정에 비하면 정말 번갯불에 콩 볶아 먹기다. 그렇다면, 이쯤에서 그만 집으로 돌아가 나의 충직한 부하 슈나우저를 데리고 블로뉴 숲 산책이나 해야 할까? 그게 더 정서적이고 자연을 사랑하며 지구를 구하는 행동이 아닐까. 두서없는 상념들이 뒤엉키고 있었으나 이에는 아랑곳없이 안전벨트로 나

를 묶은 고물 벤츠는 여전히 곧은 속도로 풍차 동네로 향하고 있었다.

시간이 흐를수록 머릿속은 황당한 생각으로 뱅글거린다. 종잡을 수 없는 상념들이 꼬리 물기를 하며 뽀그락거리더니 급기야 터무니없는 환영까지 겹친다. 도로 저편에 희뿌연 먼지가 이는가 싶었는데 갑자기 거대한 중세 성곽이 나타났다가 휘리릭 스치고 지나간다. 흠칫 놀라 살펴본 백미러 속에서 스르르 사라져 가는 것은 도로변 주유소였는데도 말이다. 휙휙 지나가며 휘청이는 가로수들은 무수한 응원 깃발인 양 여겨진다. 소나기처럼 퍼붓는 5월 햇살이 눈 부시다.

아, 내 차종이 뭐였지?

그레넬 다리Pont de Grenelle 아래 자유의 여신상(미라보 다리 옆)

설상가상 환청까지 겹친다. 어디선가 '환영의 나팔 소리'가 들리는 듯하다. 아닐 거라 도리질해 보지만 커졌다가 작아졌다 하며 웽웽거리는 소음은 분명 리듬감이 있다. 간단없이 이어지는 이 소리는 틀림없이 '기사의 도착을 알리는 난쟁이들의 뿔피리 소리'일 거라 여긴다. 돈킴호테! 눈부신 햇살을 타고 수없는 화살이 쏟아지는 것 같다는 생각에까지 이르다가 순간적으로 지어진 이름이다. 좌우간 무척이나 웃기는 일이지만, 개명해 놓고 보니 나름 그럴듯해 보인다. 언뜻 돈키호테의 사촌쯤 되어 보이기도 하고, 이 정도라면 이 여행에서 설사 내가 삼각대를 꼬나 들고 풍차로 뛰어든다거나 헛발질을 하며 횡설수설하더라도 크게 놀림 받지는 않을 듯도 하다.

전투 준비

5월 첫날 새벽 6시, 평소처럼 눈이 떠졌다. 일하고 노는 날 구분 없이 여섯 시 정각이면 어김없이 호들갑을 떨어 주는 알람 시계 덕분이다. 평소 카메라를 둘러맨 뚜벅이 출퇴근을 즐기기에 기상이 빠른 편인데, 쉬는 날이 아니라면 일곱 시경 늘 미라보 다리를 지켜보고 있는 자유의 여신상 발치에 선다. 세느 강 중간에 놓인 백조의 길을 따라 출근 길에 오르는 시작점이다. 카메라에 담을 꺼리가 없다면 20여분 뒤에는 발길이 에펠탑 아래에 닿아 있고, 또 그만큼의 시간이 흐르면 대사관의 CCTV가 나의 들락거림을 기록하기 시작한다. 언제나 콧대 뾰쭉한 에펠탑은 약 5㎞쯤 되는 집과 사무실 중간지점에서 감시병처럼 오가는 나를 지켜본다.

어느날 새벽 출근길에 우연히 마주친 장면 : 두 여학생이 무슨 퍼포먼스를 하고 있다.

익숙한 동작으로 팔을 뻗어 목청을 높이기 시작하는 알람 시계의 입을 모질게 막아버리고는 샤워실로 향했다. 가야지. 한 바퀴 휘돌며 기분 전환을 해야지. 생각을 다잡기라도 하듯 후다닥 샤워를 마치고는 물기를 훔친 타월을 목에 건 채 싱크대 앞에 섰다. 쌀을 대강 일렁거려 밥솥에 앉히고, 냄비에 계란을 집히는대로 담그고, 또 다른 냄비에는 6개들이 소시지 봉지를 뜯어 넣은 다음 각각의 가스 노즐에 불을 댕겼다.

세느 강의 아침
둥근 돔 지붕이 학술원
중간의 첨탑 건물이 노트르담 대성당

아, 무엇보다 신의 물방울이 빠질 수 없지!

보르도 한 병, 부르고뉴 한 병씩을 꺼냈다. 풍차에 다가가 창을 꼬나 든 편력 기사가 될 때는 묵직한 보르도를 마실 것이며, 알록달록 튤립과 노닐다가 상큼한 기분이 들면 포도 향 풍성한 부르고뉴를 딸 일이다. 그렇다면 당연히 치즈가 따라와야지. 약간의 올리브와 함께 냉장고에 베어 먹다 남겨둔 치즈를 쓸어 담았다. 그리고 바늘 가는 데 실 따라가는 법, 코르크 마개 따개도 동참시켰다. 내가 가지고 있는 이 포도주 병따개는 제법 우아하게 생긴 녀석인데 포르투갈 태생이다. 리스본에 살 때 다량 구입해서 이리저리 선사하고 이제는 달랑 하나 남은 제법 귀한 존재이다. 피로가 느껴질 때는 초콜릿이 좋을 거야. 입가심 역할 담당으로 까무잡잡 뺀질한 그 친구도 오라 했다.

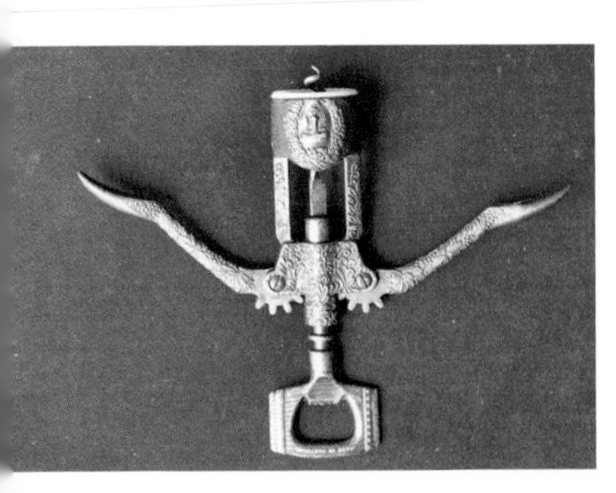

◀포도주 병따개/Made in Portugal

Vendredi 15 octobre
Soirée latino

군장 꾸리기

밥이며 반찬이 크고 작은 플라스틱 통에 담기자 집히는 대로 가방에 밀어 넣었다. 전투 식량 준비를 마쳤으니 이제 무기를 챙겨야지. 튤립 꽃밭을 누비고 풍차를 무찌르려면 의당 찍틀이 있어야겠다. 최근 바닷물 건너와 충성 서약을 한 니콘 당구공(D-90) 바디와 함께 24-70, 14-24, 그리고 80-200㎜ 렌즈 삼총사를 모두 모이게 했다. 아, 꽃밭으로 가는 거니까 접사 렌즈도 있어야지. 거금 들여 모셔오긴 했지만 한 번 바디에 물려보고는 고이 모셔두고 있는 60㎜ 접사 렌즈도 선반에서 내려오게 했다. 그리고 침대 밑에 널브러져 허구한 날 잠만 자고 있는 삼각대도 기어 나오라 했다. 겨우내 먼지 구덩이에 처박아 두고 거들떠보지도 않더니 새삼 귀찮게 한다 툴툴대면서도 꽃놀이 간다니까 매끈한 롱 다리를 접었다 폈다 각선미를 뽐낸다. 실력보다 렌즈가 호화 라인업이지만 실력 없는 찍사니까 장비라도 좋아야 하지 않겠는가 혼잣 말을 해가며 완전 군장을 꾸린다.

D-90 바디는 서울에서 날아온 숫총각이다. 렌즈들은 뉴욕에서 오는 인편에 보쌈한 처녀이고, 삼각대는 침대 밑에서 구출해낸 중매쟁이이다. 서울 총각, 뉴욕 처녀가 파리에 모여 트로카데로 언덕에서 에펠탑을 주례로 모시고 혼례식을 올렸던 거다. 이렇게 구성된 니콘 가족은 화려한 결합이 마음에 들었던지 자주자주 주례 선생님 에펠탑을 멋지게 담아내곤 한다. 그 후 거의 매일 나와 동행하며 친구가 되어 주고 있는 멋쟁이들인데, 이 무렵부터 이력서를 다시 쓸 일 있으면 취미란에 사진이라 적어야지 하고 마음먹게 한 장본인들이다. 전에는 독서나 골프라 쓰곤 했는데, 독서는 너무 막연하고 골프는 공무원 형편에 과연 나중까지 편하게 즐길 수 있을까 싶어 고개를 갸우뚱거리던 중이었다. 아무튼, 이들을 모두 모이게 한 다음 내셔널 지오그래픽 카메라 가방에 조심스레 모셨다.

참, 기쁨조도 챙겨야겠구나.

자그마한 사각 방에서 스무 명씩 허여멀건 다리를 가지런히 포개고 있는 말자 친구 말보로 시스터즈를 불러냈다. 오래전부터 버려야지 하면서도 차마 연을 끊지 못하고 있는 묘한 동무들이다. 친하게 지낼수록 결국은 내게 해코지하고 말 녀석들이라는 걸 알지만 그래도 쉽게 헤어지지 못한다. 여럿이 있을 때보다도 홀로 있을 때, 그리고 울적하거나 외로울 때 제 몸을 불살라가며까지 각별한 우정을 보여 주기 때문이다. 그리고 이들이 타는 정열로 온몸을 불사르도록 지휘할 악단장 가스라이터도 챙겨야겠다. 서울에서 출장 온 누군가가 흘리고 간 건데, 강남의 무슨 안마 시술소 출신이라는 명찰까지 버젓이 달고 있는 녀석이다.

라이터가 여기서는 제법 귀하신 몸이다. 서울에서는 식당이나 노래방, 길 가다 저절로 생기기도 해서 서랍마다 한 움큼씩 몰려다니지만, 파리에는 그런 공짜가 없다. 타박[TABAC]에서 살 수 있는 물건인데 담배 가게 타박은 띄엄띄엄 서 있어 쉽게 사기 힘들고 성냥은 더욱 귀하다.

5월의 신부

그래서 서울에서처럼 옆 친구의 것을 빌려 쓴 뒤 주머니에 슬쩍 넣어버리는 일은 도대체 가능하지가 않다. 이런 탓에 집에 하나 사무실에 하나 겨우 비치하고 있는 형편인지라 퇴근 때 들고 가지 않도록 주의한다. 다음 날 출근 시 옷이 바뀌다 보면 진짜 불火필요한 신세가 되어 이 방 저 방 기웃거려야 하기 때문이다. 그 밖에 칫솔이며 세면도구까지 챙기고 나자 엘리베이터를 두 번이나 오르내리며 옮겨야 했다. 그런데 잠시 소풍 나들이라며 엘리베이터를 두 차례나 왕복한다고?

파리의 나의 집, 공관원 주택임차

뻬띠 아상쐬르, 그리고 백년 카페

파리에서는 지은 지 130년이나 되는 6층 건물의 5층(여기서는 지상층을 0층으로 표기하므로 우리식으로는 7층 중 6층)에서 살고 있다. 낡았지만 목재로 된 부분이 많아 정겹고, 계단은 밟을 때마다 삐걱거리지만, 발에 와 닿는 감촉이 가뿐하다. 오후 햇살이 좁은 창을 비집고 쏟아질 때는 아늑한 분위기가 연출되어 따스함을 더한다. 거실 마루도 늦겨울 미나리꽝처럼 여기저기 꿀렁거리고, 화장실 물 내리는 소리, 승강기 소음까지도 위·아랫집, 옆집과 사이좋게 공유하고 있으나 다들 그러려니 하고 지낸다. 블로뉴 숲과 지척이어서 산책하기에 좋고, 세느 강변의 라디오 프랑스 방송국에는 정명훈 오케스트라 지휘자의 대형 사진이 방송국 전면에 떠억 하니 붙어 있어 옆을 지날 때마다 어깨가 으쓱 해지기도 하여 신난다.

명물은 귀여운 엘리베이터이다. 서두르는 걸 좋아하지 않는 이 꼬마 엘리베이터는 달랑 2명만 탈 수 있는 초미니 승강기다. 깊이 1m, 폭 51cm에 불과하여 양어깨가 좌우 벽면에 닿을 정도이므로 타고나면 부동자세로 있어야 한다. 탈 때는 옆걸음으로 오르든가 아니면 앞으로 들어간 자세 그대로 있다가 내릴 때는 엉덩이를 뒤로 쑥 내밀어 문을 밀치고 뒷걸음질로 나오게 되는 게 보통이다. 두 명만 타는 경우에도 동성이든 이성이든 매우 친밀한 신체 접촉을 각오해야 한다. 그래서 때로는 마드모아젤과 동시에 엘리베이터 앞에 도착하는 행운을 기대해보기도 하지만, 이웃이 많지 않아서인지 아직 그런 특별 찬스는 주어지지 않았다. 정원 표에는 탑승 인원 3명까지로 쓰여 있기는 하나 가방이나 시장 보따리라도 있을라치면 3명까지는 도무지 가능치가 않다.

한 층에 두 가구가 살고, 7층 건물이나 3층 주민까지는 걸어 다닌다고 보면, 나머지 4개 층의 8가구가 이 엘리베이터를 사용한다. 가구당 대부분 두세 식구뿐이어서 엘리베이터 앞에서 이웃을 만나는 경우가 드물지만, 혹 누군가와 마주치게 되면 어느 한쪽이 눈치껏 계단을 이용한다. 본의 아니게 다리 운동을 하게 되는 거다. 마주친 상대가 무슈Monsieur가 아니라면 나는 굳이 계단을 헬스장으로 활용할 의향이 없지만, 그런 상황이라면 대개 마드모아젤Mademoiselle쪽이 먼저 걷기 운동 모드로 들어간다. 한껏 미소를 띠어 보아도 결과는 마찬가지다. 말린다고 될 일도 아니지만 만류할 틈도 없다. 파리 여인네들은 모두 날씬해서 매우 잽싸다. 왜들 그러시는지 알 수는 없지만 나도 이제 유통 기한이 많이 지난 모양이구나 할 뿐이다.

혹 시장을 보아온 날에는 자진해서 계단을 뛰어오를 수밖에 없다. 보따리 주인임에도 이 몸까지 끕사리 낄 틈이 없기에 장바구니들을 차곡차곡 먼저 모신 다음 엘리베이터는 홀로 올라게 버튼을 누르고 정중히 문을 닫아드린다. 그리고는 스프링처럼 튀어 계단으로 치솟는다. 엘리베이터보다 빨리 올라가기 위함인데 내가 먼저 도착해서 문을 열기 전에 다시 움직이는 사태를 막기 위한 필사적 노력이다. 혹시라도 다른 층으로 이동하여 물건 봉지가 하나라도 없어지면 안 될 테니 말이다. 다행히 녹색 카펫이 깔린 꼬부랑 나무 계단을 뛰어오르는 기분이 나쁘지는 않고, 자주 애용하다 보니 이력이 붙어 이제는 엘리베이터보다 앞질러 현관에 다다를 수 있다. 어쨌든 이거라도 있음은 참 다행한 일로 파리에는 이마저 없는 건물도 많다.

그리고 한 가지 은밀히 즐기고 있는 놀이가 있다. 강아지 마중 놀이로, 퇴근이나 외출에서 귀가 때 대문에서 신호하고 집에 있는 사람이 현관문을 살짝 열면 나의 산초 미키가 쏜살같이 아래층까지 곤두박질하여 꼬리를 흔들며 영접한다. 그렇게 출입구에서 반가이 상봉한 다음 함께 계단을 뛰어 집으로 되돌아오곤 하는데 카펫이 깔려 있어 그리 소란스럽지 않고 불평하는 이웃도 없다. 애완동물에 상당히 관대한 나라인 탓인가도 한다.

아, 자랑 하나 더. 보태야겠다.

집 바로 맞은편에 앉아있는 예쁘고 자그마한 카페가 또한 명물이다. 무슨 잡지에도 소개되었다며 주인장은 그 페이지를 찢어 출입문 유리에 척 붙여 놓았다.

대문을 나서면 바로 길 건너편에 마주하는 아늑한 곳으로, 커피 맛은 물론 일품이고 실내에는 천장화도 그려져 있어 따스한 분위기를 더 한다. 겉보기보다도 안으로 들어서면 작은 박물관 같은 분위기를 자아낼 정도이다. 그래서 집에 손님을 초대하였을 때 커피는 이리로 자리를 옮겨 마시곤 한다. 1911년에 문을 연 카페라 내가 '백년 카페'라 명명한 이 카페는 가끔 집 베란다에 기대어 한 대 피우면서 내려다보는 재미도 있다.

파리에서 임차 주택 구하기

그간 이 나라 저 동네 옮겨가며 생활하는 중에 단독 주택에 살아본 적도 있고 아파트 생활도 경험하였다. 그래서 이번에는 가능한 한 전통 프랑스풍의 집을 찾아보리라 했었다. 하지만 파리는 도시 전체가 보존 지역으로 정해진 탓에 공급 물량이 매우 제한적이라 적당한 주택 물색에 보통 달포 이상 걸릴 정도로 집 구하기가 쉽지 않다. 어느 정도 각오는 하고 있었으나 임시 숙소인 호텔에 머문 지 한 달이 넘어서면서 갑갑증이 일기 시작했다. 그동안 대여섯 곳을 돌아보았으나 신통치 않아 조바심하고 있던 차에 좀 낡았지만 현대식 아파트와는 사뭇 다른 오스만 스타일의 주택이 등장했기에 구미가 당겼다. 그것도 좋은 주거지에 속하는 16구에 있기에 망설임 없이 계약하였다.

파리의 20개 행정 구역 중 부자 동네에 속하는 16구는 13세기 왕들의 놀이터였던 불로뉴 숲과 이웃하고, 모네와 인상파 화가 작품들을 모아 놓은 마르모탕 미술관, 현대예술 박물관, 포도주 박물관이며 샤이오 궁과 멋쟁이 패션 거리 파시도 있다. 약 220만 파리 인구의 13% 정도가 모여 사는데, 이곳 동포 사회에서는 흔히 '강남'이라 부르기도 한다. (동서로 흐르는 한강과 달리 세느강은 엇비스듬하게 남북으로 흐르기에 '강남'이 아니라 '강동'이라 해야겠다.) 하지만 내가 얻기로 한 집의 크기는 지금까지의 임차 주택 중에서 가장 작다. 외국에서 살아본 일곱 번째 주택인데 그중에서 가장 낡고 좁은 편이다. 물론 뉴욕 근무 시 뉴저지가 아닌 맨해튼에 거주하였다면 이보다 더 협소했을 것 같기도 하지만…

현지에 국유화된 주택이 마련되어 있지 않은 경우, 공관원은 직급에 따라 크게 4개 등급으로 상한에 차등을 둔 임차료를 지원받아 그 범위내에서 각자 주택을 구하게 된다. 주택 임차료 상한선을 보통 실링ceiling이라 하는데, 실링을 넘어서는 금액은 개인이 부담한다. 공관 근무 발령을 받으면 통상 해당 공관의 총무 부서에서 부임 예정자의 직급 정도에 맞추어 적절한 후보 주택을 가능한 물색해 놓는다. 그리고 직원이 현지에 도착하면 중개사가 동행하여 후보 주택들을 돌아보게 하고 마음에 들어 할 때까지 소개하고 안내한다. 사무실이나 임시 숙소로부터 집을 구경하고 다시 원위치하는 교통 편의를 중개사가 제공하는 것이다. 나라마다 조금씩 차이가 있기는 하나, 임대차 성사 시 중개사는 보통 한 달분 임차료 상당액을 수수료로 챙기기 때문에 그 정도의 서비스는 제공하는 것이 관례다.

하지만 이곳 파리는 그간 내가 경험했던 동네와는 시스템이 조금 다르다. 목마른 자가 우물 파는 식인데, 집 얻으려는 사람이 광고를 보고 연락하면 임대주 측에서 집을 볼 수 있는 날짜와 시간을 정해 준다. 그곳까지 가고 오는 일은 전적으로 집을 찾는 자의 몫이다. 이러한 관행은 아무래도 신축이나 재개발이 엄격히 제한되는 도시라 공급이 수요를 따라가지 못하는 형편 탓인 듯하다. 공관의 차량 운행 형편을 보아 공용차를 잠깐 이용할 수 있으면 다행이지만, 항시 가능한 것은 아니므로 택시를 타거나 걸어서 찾아가야 하는 경우도 생긴다. 직원들도 서로 바쁘기에 힘들어도 혼자 해결해야 하는 편이다. 아무튼, 파리에 온 지 한 달도 넘은 시점에서 겨우 연결되어 약속 장소에 당도하니 웬일인지 일고여덟 명이 집 앞에 모여 웅성거리고 있었다. 복덕방 직원이 총출동했나 하였다.

무주물 선점
- '나중에 연락합시다.'

나로서는 처음 보는 광경이어서 순간 의아했는데 곧 임차 희망자 모두를 한꺼번에 부른 것임이 간파되었다. 나를 마지막으로 예약자들이 모두 모였는지 곧 현관이 활짝 열렸고, 모두들 경매장이라도 되는 양 일시에 실내로 들어섰다. 보물찾기라도 하듯 각자 흩어져 구석구석 살피고, 어떤 이들은 계약을 염두에 둔 듯 사진 찍기에 몰두하기도 한다. 나도 빠른 동작으로 내부를 일별해 보니 이 정도면 괜찮다 싶다. 마음이 기울자 조바심이 났다. 한꺼번에 여러 사람이 몰린 탓에 경쟁심이 유발된 모양이어서 자칫 뜸 들이다가는 이마저도 빼앗겨 버릴 것 같은 위기감까지 일었다. 놓치지 말자는 심정이 되자 바로 행동에 돌입한다. 답사를 서둘러 중단하고 성큼 중개인에게로 다가갔다. 안주머니에서 수표를 꺼내 한 달분 임차료 금액을 적어서 명함과 함께 불쑥 내밀었다. 그리고 모두들 들으라는 듯 큰 소리로 말했다.

"나중에 연락합시다."

헤드쿼터에서 떨어진 명령에 따라 신체 각 부분이 일사불란하게 움직였다. 발이 민첩하게 중개인에게로 걸어갔고, 손이 재빨리 숫자를 끄적거리자 팔이 불쑥 나서서 수표 전달을 도왔다. 이와 동시에 입이 결정적 쐐기를 박았다. '나중에 연락합시다.' 졸지에 '동작 그만' 구령이라도 떨어진 듯 부산하던 여덟 명의 몸짓이 일시에 멈추고 모두의 시선이 내게로 쏠린다. 닭 쫓던 개 지붕 쳐다보는 모습들이라고나 할까, 뭐 이런 친구가 다 있나 싶은 멍한 표정으로 바라보는 열여섯 개의 눈동자들을 뒤로하고 뚜벅 집을 나와 버렸다. 느닷없는 돌발 행동에도 중개인은 재미있는 듯 빙그레 웃기만 할 뿐 별소리가 없었다. 무주물 선점. 중개인이야 자기 집도 아니니 월세 떼어먹힐 염려가 없을 정도의 신분을 가진 정도라면 특별히 사람 가릴 이유가 없을 터였다. 어찌어찌 월세를 조금이라도 깎아볼까 하고 자잘하게 따지며 수작 부리는 경우보다 이렇게 시원스레 나가면 골치 아프지 않아 좋지 않겠는가 싶었다.

혹시나 하는 걱정이 전혀 없었던 건 아니다. 주인에 따라서는 외교관에게 세놓기를 꺼리는 경우도 더러 있어서다. 선진국일수록, 그리고 후진국 범주에 속하는 나라의 외교관일수록

26 Rue de Jean de la Fontaine, Paris 75016

그런 차별을 받을 가능성이 있다. 임차 계약 당사자는 직원 개인이 아니라 외교 공관이기에 해당 국가 차원에서 임차료 지급을 보증하는 형태이나 가끔 외교관의 면책 특권을 악용해 비용을 제대로 정산치 않고 떠나 버리는 경우가 발생하기도 하기 때문인 듯하다. 그래서 만에 하나 주인 쪽에서 '외교관에게는 세놓지 않습니다' 하고 선언해 버리면 그야말로 스타일 구기게 되는 것인데, 다행히 그 중개인은 그러한 옵션은 갖고 있지 않았다. 어쨌든 그렇게 전격적으로 얻은 집이다.

우선 규모나 위치며 임대차 조건이 맞아야 하는 거지만, 배편으로 보낸 이삿짐이 도착하기 전에 주택이 준비되어야 하는 것도 중요한 고려 사항이다. 자칫 이삿짐이 당도했는데도 들어갈 집이 마련되지 않은 상황이라면 낭패다. 지연되는 일수에 따라 그만큼의 화물 보관료를 따로 내야 하기 때문인데 생돈을 지출하는 셈이다. 한 달이 넘어선 호텔 생활로 갑갑증이 부풀어져 가고 있었을 뿐만 아니라, 며칠 후면 이삿짐이 도착하기로 된 시점이기도 하여 초조함이 더해지고 있던 참이었다.

보증금 쟁탈전

사실 아주 부실한 나라의 외교관이 아니라면 집세 떼먹고 빼소니치는 경우는 상상하기 어렵다. 아예 1년분 임차료를 선지급으로 받는 나라도 있지만 말씀이다. 오히려 외교관이나 외국인에게 세놓는 집주인 중에 더러 고약한 자들이 있다. 사는 동안에는 조용하다가도 계약 기간이 끝나 인벤토리(집 상태 및 물품 점검)를 할 때 터무니없이 흠을 잡아 비용을 청구하는 경우이다. 물론 못 자국까지도 신경

써서 최대한 깨끗한 상태로 돌려주어야 함은 알고 있지만, 고의성 있는 집주인을 두고 하는 말이다. 입주 시 한두 달 치 월세에 해당하는 금액을 보증금으로 맡기게 되는데 못된 주인들은 이 돈 중 일부라도 돌려주지 않거나 추가 보상비를 뜯어내려 한다. 그래서 입주 전 인벤토리 때 가재도구나 페인트 상태 등을 면밀히 살펴 기록으로 남기고 가능한 사진을 찍어 두는 등 계약 관계를 확실히 해 둘 필요가 있다.

보증금 얘기를 하다 보니 지난날 일들이 새삼 떠오른다. 브라질리아나 리마에서는 별문제 없이 마무리되었으나, 리스본 근무를 마치고 일어설 때는 약간의 실랑이가 있었다. 스페인계였던 여주인은 별달리 흠을 찾아내지 못하자 거실 소파의 바닥이 좀 내려앉았다며 트집 잡았다. 아무래도 아이들이 소파 위에서 뜀질을 하여 망가진 것 같다는 것이다. 하지만 4년 동안이나 쓰다 보면 그 정도는 정상 아니냐며 싸우다시피 하여 겨우 보증금을 돌려받을 수는 있었다. 가구 및 살림 도구까지 갖춘 주택이었는데 포크와 나이프며 대부분 물품은 아예 사용치 않고 따로 보관했었다. 주인에 따라서는 수건이나 행주 개수까지 따지는 경우가 있다 함을 들은 바 있기에 미리 대비한 셈인데 매우 완벽하다 보니 주인이 심통을 부린 게 아닌가 싶기도 하였다. 워싱턴에서는 아이들이 농구를 하느라 잔디밭이 좀 망가진 것을 들어 시비가 걸렸으나 같은 또래 아이가 있는 이웃에서 잘 변호해 주어 무리 없이 해결하였다.

제대로 당한 것은 뉴욕에서였다.

제법 마음에 드는 단독 주택을 얻게 되어 기뻤고, 주인장 인상도 푸근해 보여 가끔 집으로 초대하여 차도 마시곤 하며 사이좋게 지냈었다. 혼자 사는 그리스계 노파였는데 한때는 내가 엄마[mom]라 부를 정도로 서로가 좋은 관계로 지냈지만, 막판에 작심하고 안면을 바꾸었다. 임기를 마치고 떠날 때가 되어 규정대로 계약 해지 예정일을 서면 통보하고 인벤토리를 요청하였다. 하지만 어쩐 일인지 차일피일 점검을 미루더니 출국 당일에 나타나서는 트집을 잡기 시작했다. 주요 지적 사항은 지하층의 변기 청소가 안 되었고, 거실 바닥에 강아지 오줌 자국이 있으며 차고가 지저분하다는 등 그리 대수롭지 않은 것들이었다. 지하층 변기는 평소 사용하지 않았던 터라 녹물 자국이 조금 있으나 쉽게 닦아낼 수 있는 수준이며, 차고 바닥은 차에서 떨어진 기름이 약간 번진 정도에 불과한데도 맘mom이라 부르기도 했던 할머니는 정색하고 보증금 반환을 거부하였다.

일단 돈을 돌려주고 청소 등 필요한 부분은 조치 후 비용을 청구하면 영사관을 통해 정산하겠다 하였으나 떼어먹기로 작심한 욕심쟁이 노파의 마음을 돌릴 수가 없었다. 무척 당황스러웠지만, 공항으로 가야 할 시간이 되었기에 별수 없이 결말을 보지 못하고 떠날 수밖에 없었다. 서울로 돌아온 뒤 소송이라도 해 볼까 하였으나 그게 간단치가 않았다. 맨해튼에 있는 변호사 친구를 통해 이리저리 궁리도 해 보았지만, 소액 심판 청구이고 내가 현지에 있는 것도 아니어서 추진에 어려움이 많아 포기하고 말았다. 결국, 두 달 치 월세에 해당하는 보증금 전액을 고스란히 뜯기고 만 것이다. 그 후 뉴욕 출장 기회에 짬을 내어 그 집에 들러 초인종을 눌렀으나 욕심쟁이 노파는 적반하장격으로 문을 걸어 잠근 채 경찰을 부르겠다며 소리치는 바람에 도리 없이 발길을 돌릴 수밖에 없었다. 허드슨 강에서 불어오는 밤바람이 차가웠다. 기가 찰 노릇이었다. 믿었던 사람이 어찌 저리도 변할 수 있을까 싶은 허탈한 마음에 다리가 후들거릴 정도였다. MOM이 뒤집어져서 WOW 소리가 절로 터져 나왔다.

직원 개개인의 사연을 들어볼 수 없어 그렇지 여사한 상황이 더러 발생한다. 나와 비슷한 시기에 뉴욕에서 타 공관으로 전근한 모 직원은 이러한 일로 큰 곤욕을 치르기도 하였다. 그도 보증금을 돌려받지 못하고 출국하게 되어 멀리 옮긴 다른 나라에서 국제 전화로 수차 반환 독촉을 하다가 집주인이 통화마저 이리저리 피하자 홧김에 한마디 한 것이 자동 응답기에 고스란히 녹음되었고, 주인은 이를 근거로 수작하는 바람에 아주 곤란한 지경에 빠진 것이다. 얼마나 약이 올랐으면 그렇게까지 하였겠는가마는 집주인이 우리 동포이었음에도 그리되었다. 뉴욕에는 몇 개의 동포 일간지와 주간지, 우리말 라디오에 텔레비전 방송 채널까지 있다. 그 동포 주인장은 전후 사정은 생략한 채 외교관이 어찌 이처럼 쌍스런 말을 할 수 있는가 하고 동포 언론을 총동원해 험담한 통에 그 직원은 새임지에서 서울로 불려와 조사를 받아야 했다. 보증금은 끝내 찾지 못했고, 명예에도 손상이 간 억울한 경우이다.

그래서 주택 임차 시 집주인 잘 만나는 것도 복이라 할 만하다. 하지만 사람 속은 짐작할 수 없는 법, 어찌 그 속내를 미리 알 수 있겠는가마는 가능한 한 홀로 사는 노파는 피하는 게 좋을 듯싶다. 어렵게 모은 돈으로 장만한 집의 임대 소득을 주 수입원으로 하는 할머니의 경우 여러모로 마무리가 쉽지 않은 경우가 더러 있었기에 그렇다. 그리고 계약서 작성 시 '마지막 달 임차료는 보증금에서 제하기로 한다.'라고 명시하든가 계약 해지 통보를 할 때 '최종월분 임차료는 보증금 중에서 제하기 원한다.'라고 적어서 보내는 것도 한 가지 방법이 되지 않을까 한다. 시간이 되면 주재국을 떠나야 하는 외교관이나 주재원들의 특수한 사정을 이용하여 교묘하게 돈을 뜯어내려 마음먹는 집주인들이 가끔 있는데, 파리지엥 집주인님과는 어떤 모양으로 빠이빠이 하게 될는지 두고 볼 일이다. 제발이지 '나중에 연락합시다' 하고 나자빠지지는 않아야 할 텐데 하고 바랄 뿐이다.

장애물 통과하기

출발한 지 한참이나 지났음에도 애기가 집 주변에 머물렀다. 아직 갈 길이 멀다는 생각에 다시 오른발에 힘을 가하자 길게 도열한 가로수들이 좀 더 크게 휘청거리다 물러난다. 스치는 풍경이 빠르게 움직이는 활동사진 같다는 생각을 하며 달리는데 장애물이 나타난다. 출발 후 50여 *km* 되는 지점이다. 앞서가던 차들이 덜커덕거리며 속도를 줄이고 로시난테도 멀쩡한 도로를 빨래판처럼 긁어 놓았다 툴툴거리며 뒤따라 멈춘다. 이제부터 본격 레이스가 시작된다고 알리기라도 하듯 육중한 콘크리트 구조물이 버티어 서서 길쭉한 장대들을 걸쳐 놓고 있다. 그 옆에는 냉장고 몸통을 한 깡통들이 칸칸이 지키고 서서 수시로 막대기를 올렸다 내렸다 하고 있다. 융통성이라곤 찾아볼 수 없다. 마치 큰형님의 명령에 따라 절도 있게 움직이는 깍두기들 같다.

차례가 되어 부세팔루스Bucephalus처럼 든든한 로시난테도 무륜걸음으로 깍두기 옆으로 가 엎드린다. 현명한 돈킴호테는 그게 무엇을 의미하는 건지 곧 알겠으므로 팔을 내밀어 동전 모양을 한 파란 배꼽을 꾸욱 누른다. 그러자 멍뚱한 깍두기는 선심 쓰듯 마그네틱 완장을 두른 고지서 딱지를 낼름 뱉어 낸다. 그러고는 그만이다. 받아들지 않으면 꿈쩍도 않을 태세인지라 번거로움을 무릅쓰고 다시 팔을 뻗어 입술에 물고 있는 딱지를 빼 든다. 그제야 묵묵히 엎어져 있던 크로스바가 만세 부르듯 일어선다. 곧 로시난테를 서두르게 했다. 자칫 막대기가 변심하여 덜컥 내려와 지붕을 치기라도 할 것 같은 두려움에 서둘러 톨게이트를 빠져 나와서는 쉴 틈 없이 박차를 가했다. 바퀴에 다시 탄력이 붙기 시작하자 5월 들판 활동사진은 더욱 신바람 나게 돌아가기 시작한다.

그로부터 130㎞를 더 내달으니 또다시 크로스바가 농성하듯 드러누워 있다. 늘씬하게 쭈욱 뻗은 도로를 맘껏 누비고 왔으니 돈을 내놓으란다. 14.20유로. 거칠게 짓밟고 왔든 부드럽게 쓰다듬으며 굴러 왔든 상관 않을 터이니 그만큼만 지불하라 한다. 사실 고속도로는 꿈쩍 않고 누워있기만 했을 뿐 용쓰며 마사지해 준 쪽은 나인데 오히려 돈을 내놓으라니 주객이 전도된 게 아닌가도 하지만 마음씨 좋은 돈킴호테는 군말 없이 지갑을 열기로 했다. 어쨌든 나는 좀 더 달려야 하고, 그리고 풍차를 만나야 하니까. 그런데 14유로면 14유로고 15유로면 15유로이지 14.20은 또 무언가? 계산도 복잡할 텐데 고약하다 싶으나 나로서는 그 계산방식을 알아낼 도리는 없다. 아무튼, 그렇게 휙휙 차창을 핥고 지나가는 들판을 차례로 맞고 보내다 보니 어느새 벨기에 국경에 닿아 있었다.

오찬과
기사 임명식

통행료 건은 곧 잊어버리게 되었다. 프랑스 땅을 벗어난 후로는 벨기에나 네덜란드 어느 동네에서도 감히 도로를 막고 텃세하듯 널브러져 있는 크로스바나 깍두기 녀석 같은 건 만날 수 없었기 때문이다. 그러고 보니 프랑스의 고속도로 상태가 이 나라들보다는 한결 잘 손질되어 있었다 싶다. 그렇지, 정비가 잘 된 만큼 통행료를 내는 게 당연하겠지, 세상에 공짜는 없는 법이니까.

사라진 톨게이트 탓인지 긴장감이 덜해지자 피로와 함께 출출함이 밀려왔다. 로시난테 꽁무니 우측 45도 각도에서 줄곧 따라오던 태양이 이제 지붕 위에서 벙싯대고 있는 시각이었다. 시장기가 툴툴대며 고개를 들자 드문드문 나타나는 휴게소로 눈길이 가곤 한다. 결전을 앞둔 편력기사 돈킴호테의 오찬장 겸 기사 임명식을 치를 장소가 필요했다.

곧 들어서게 된 네덜란드 땅 초입에 제법 넉넉해 보이는 휴게소가 등장하기에 주저 없이 핸들을 꺾었다. 쉘[Shell] 주유소에 딸린 꽤 넓은 장소였는데 파리로부터 452 *km* 되는 지점이다.

오찬장 건너편 풍경

동네 이름은 어물쩍하는 사이 이정표가 스쳐 가버린 터여서 적어 두지 못함이 아쉽다. 아무튼 서둘러 로시난테를 멈추게 하고 고개를 드니 밝고 상큼한 맞은편 들판 모습이 먼저 눈에 들어온다. 멋지다. 이만하면 형님 호테 돈키호테가 기사 임명식을 치렀던 주막처럼 돈킴호테가 오찬을 겸해 스스로 기사 작위를 받을 장소로 제법 그럴듯하다. 아니, 그 주막보다 몇 곱절이나 더 웅장한 쉘 성城의 대정원이다. 맛있는 찬거리라도 되는 양 산뜻한 들판 모습을 카메라에 썰어 담고는 그늘 드리워진 빈 탁자로 돌아와 오찬 상을 차린다.

밥통, 멸치, 고추장, 치즈 등을 차례로 늘어놓은 후 요구르트로 곧이어 성찬이 투입될 것임을 위장에 기별한다. 그리고 한 점씩 사뿐사뿐 포도청으로 압송한다. 몇 시간 동안이나 입을 꽉 다물고 있었더니 미각 기능에 혼란이라도 온 걸까, 분명 짭짤한 물건들인데 어찌 달콤한 맛이 나는지 모르겠다. 허기가 좀 가시자 주변 사람들이 눈에 들어온다. 옆 벤치에도 그 건너 탁자에도 모두 커플이거나 가족 나들이 모양이고 홀로 밥 먹는 사람은 나뿐이다. 그제야 내 모양이 좀 궁상스러워 보일지도 모른다는 생각이 든다. 성찬이라며 포도주병까지 떠억하니 세워 놓았지만, 혼자 이러고 있는 모양이 남 보기에 좀 처량해 보이겠다 싶다. 안 되지! 풍차 군단을 무찌르러 나선 편력 기사의 모습이 외롭고 쓸쓸해 보이면 안 되지. 좀 더 태연하고 행복한 표정으로 오찬을 즐기는 모습으로 보여야지!

하지만 없는 짝을 급조해 놓을 수도 없고 해서 궁여지책으로 지도를 꺼내 탁자에 널찍하게 편다. 산초 판사 대신 종자로 대동한 톰톰Tomtom(프랑스산 내비게이션)이라는 녀석이 있기에 별 필요가 없지만, 혹시나 싶어 챙겨 왔던 거다.

'최소한 썰렁해 보이지는 않을 거야. 혹시나 옆 사람들이 수상한 눈초리로 흘낏거리면 지도를 열심히 보는 척하자. 그러면 내 모양이 좀 더 진지하게 보일지도 몰라. 외로이 혼자 떠다니는 게 아니라 탐구적인 모습으로 자유로이 여행하는 사나이, 오히려 여유롭고 멋지게 보일 수도 있을 거야.'

좌우간 외국 생활을 20년도 넘게 했으면서도 타인의 시선을 의식하는 촌스런 태도는 바뀌지 않는가 보다 싶어 피식 헛웃음이 새어 나왔지만 개의치 않기로 했다.

어쨌든 고속도로변 쉘 성벽의 요철 사이로 '기사의 도착을 알리는 난쟁이의 뿔피리 소리'는 수시로 뿡뿡거린다. 주변 식탁의 아낙네들은 모두 '성문 앞에서 바람을 쐬는 아름다운 아가씨나 우아한 귀부인'임에 틀림없어 보인다. 이에 고무된 돈키호테는 플라스틱 포도주잔을 높이 들어 기사 의식을 거행한다. 야전에서 치르는 편력 기사의 오찬 행사는 그리 오래 걸리지는 않았는데 속히 풍차 군단을 함락해야 한다는 사명감 때문이었다. 이제 후식을 즐길 차례다. 지도와 포도주병을 옆으로 밀치고 말 시스터즈 기쁨조 중 하나를 호출한다. 후욱 뿜어낸 담배 연기가 풍차 날개처럼 빙그르르 돌다가 흩어지는 모습을 물끄러미 바라보다 느릿하게 일어섰다. 이제 정식으로 기사가 된 돈키호테는 주섬주섬 오찬 상을 걷어 트렁크에 몰아넣고, 다시 로시난테의 고삐를 틀어잡는다.

풍차 군단이 엎드려 있다는 격전지가

이제 얼마 남지 않은 듯하다.

암스테르담으로 진격하다

네덜란드, 그리고 암스테르담

꺽다리들의 나라 네덜란드

생긴 바탕으로는 지구 상에서 가장 겸손한 나라라 해도 좋을 것 같다. 처음부터 낮은 자세로 임했고 알프스 같은 높은 콧대도 없다. 글자 그대로 바다 밑에 있는[Nether] 땅[Lands] 네덜란드. 해수면보다 낮은 육지가 국토의 4분의 1이나 되는 요상한 나라다. 가장 낮은 곳은 바다 표면보다 6.74m나 더 아래에 위치하고, 최고로 높은 곳이라야 해발 323m로 서울의 남산보다 겨우 58m 더할 뿐이다. 하지만 땅덩

이가 그렇다는 얘기이고, 그렇게 낮게 임한 땅에서 사는 이 나라 사람들의 모습은 그 반대이다.

겸손하지 않다는 얘기가 아니라 모두들 바지랑대 키를 가졌다. 평균 신장이 세계에서 가장 큰 백성들인데 웅덩이가 많아 빠지지 않으려 버둥대며 버티다 보니 그렇게 세로로 많이 늘어나게 되었는지도 모를 일이다. 물에 빠져 허우적거리게 되더라도 코를 내밀고 숨만 쉴 수 있으면 일단 살아남을 가능성이 커질 테니 말이다. 네덜란드인의 평균 키는 남자가 183㎝를 훌쩍 넘고, 여자도 약 174㎝에 달한다.(AP통신 2006. 09. 19.) 코쟁이 미국인들보다도 5.08㎝나 더 크다.(계간 사회과학저널Social Science Quarterly 2007. 여름호)

하지만 큰 키만이 장땡은 아니란 것도 살아오면서 터득했는가 보다. 삼십육계 주위상走爲上. 물에 빠지기 전에 재빨리 도망치는 것이 더 좋은 방책임을 말이다. 그래서인지 네덜란드에는 자전거가 참 많다. 자전거 수송 분담률이 27%로 세계 최고 수준이다. 1,650만 인구마다 한 대꼴로 갖고 있다는데 예고 없이 밀려오는 바닷물로부터 재빨리 도망칠 수 있게 고안해낸 탈 것인지도 모를 일이다.

자전거는 산업 혁명이 가속화되던 19세기 초 유럽에서 출현하였다. 독일, 프랑스, 영국 등이 각자 원조라고 주장하고 있지만, 네덜란드 사람들은 고개를 흔든다. 런던 근교 스토크 포지에 있는 세인트 자일스 대성당 스테인드글라스에 있는 그림에서 최초의 자전거 발명 착상을 하게 되었다는 주장이다. 이 스테인드글라스는 1642년 네덜란드로부터 수입된 것이므로 네덜란드가 자전거 탄생의 원조 국가라 생각하는 것이다. 아무튼, 여차하면 피난 수단으로 삼십육계에도 동원할 수 있는 수월하고 간편한 교통수단임은 틀림없어 보인다.

그들은 네덜란드를 '만들었다'

그러나 그들은 밀려오는 파도로부터 도망만 다니지는 않았다. 물과 온몸으로 맞서기도 하는데 덮쳐오는 바닷물을 막아 도시를 세웠다. 그리고 바다의 파랑으로부터 항만을 보호하기 위한 방파제를 세우고 물을 가두거나 토사 유출 방지를 위한 댐도 만들어 냈다. 북해로부터의 바닷물 유입은 33㎞나 되는 외곽 댐과 그 안쪽으로 30㎞ 길이의 내부 댐으로 이루어진 방벽이 차례로 수위를 조절하는 방식으로 침수를 피하게 한다.

밀려오는 물은 일단 막고 볼 일이지만, 쳐들어온 물을 밖으로 퍼내기도 해야 한다. 이렇게 수해를 최소화하는 방편으로 활용된 작품이 바람을 이용한 풍차이다. 그리고 이왕이면 이놈으로 물만 퍼낼 게 아니라 바람에서 얻은 동력을 생산적인 방향으로 활용하고자 노력하다 보니 점차 방앗간 용도로도 진화됐다. 그뿐만이 아니다. 비록 동화 속 인물이지만 물이 새는 제방을 손가락으로 막아 나라를 구한 소년 한스 브링커는 동상이 되고 왕족까지 참석해 제막식이 거행되었다. 그들은 설명한다. 꾸며진 이야기이지만 사실일 수도 있는 일로 국민들의 애국심을 상징하는 의미가 있다한다. 네덜란드 사람들은 감히 말한다.

'신이 자연을 창조했다면, 우리는 네덜란드를 만들었다.'

이처럼 네덜란드 사람들은 바다를 막아 '만들어낸 땅' 땅에서 오대양으로 눈을 돌려 일찍이 해양 강국이 되었다. 그리고 그 땅에서 꽃을 가꾸고 식량을 생산한다. 주민 한 사람에 거의 한 송이꼴인 60만 송이의 튤립과 히아신스 꽃을 피운다. 이들이 길러낸 꽃이 세계적으로 거래되는 꽃의 60% 이상이나 되고, 원산지를 기준으로 하는 구근 교역량은 이보다도 높다. 농사에 적합한 땅이 국토의 약 56.7%인 193만ha(2008년 현재) 정도에 불과한 작은 나라임에도 미국, 프랑스와 함께 세계 3대 농산물 수출 대국이기도 하다. 먹고 살아남는 일뿐만 아니라 어떻게 살 것인가에도 일가견 있다. 바다 밑 용왕국과 가까이 있는 나라여서인지 고흐, 렘브란트, 몬드리안 등 빛나는 별 같은 예술가들이 즐비하고, 노벨상 수상자만도 15명이나 낳은 매력적인 백성들이다. (국토면적은 우리나라의 약 35%로 세계 135위)

암스테르담

충직한 흑토마 로시난테는 그저 휘발유만 한 통 마시게 했을 뿐인데 단번에 암스테르담 시내로 데려다 주었다. 오후 두 시가 조금 넘은 시각이었다. 살포시 다가서는 도시의 첫인상이 포근하고 정겹다. 화사한 5월 햇살 아래 등목하듯 엎드려 있는 빨간 벽돌집들이 예쁘고, 굽이칠 때마다 햇빛에 반짝이며 속살 내보이는 좁다란 강줄기가 사랑스럽다. 늘씬하지만 도도해 보이는 한강에 비하면 세느 강은 귀엽고 암스텔 강줄기는 앙증맞아 보인다. 폭 좁은 강에는 세느 강의 바토무슈와 비교한다면 뗏목이라 해도 좋을 정도의 아담한 유람선이 이따금 오르내리고, 여기저기서 건강한 젊은이들이 카누를 희롱하며 노닐고 있다.

난생처음으로 발 디딘 거리임에도 사방 풍경이 왠지 낯설지 않다. 서울역의 모델이 되었던 암스테르담 중앙역 때문인지 모르겠다. 혹은, 우리의 독립 영웅 이준 열사 때문이거나 월드컵 투사 히딩크 감독 탓인지도 모를 일이다. 아무튼, 눈부신 햇살 탓에 충동적으로 길을 나선 내가 졸지에 네덜란드의 중심부에 도착한 것이다. 1627년 인조 임금 때 제주도에

표착 후 귀화하여 조선인이 된 박연(야너스 벨테브레이) 이래 382년 만에 꼬레아노 돈 킴호테가 네덜란드의 중심부 암스텔 강가의 뭍에 닿은 거다.

암스테르담. 13세기경 암스텔 강 하굿둑을 막아 만들어진 이 도시에는 현재 75만 명 정도가 거주한다. 16~18세기의 고풍스러운 건축물이 7천여 채 남아 있고, 고흐 미술관에서 섹스 박물관까지 40여 개나 되는 박물관이 깊이를 더한다. 이들 사이로 40여만 대의 자전거들이 바글거리며 숱한 사연들을 실어 나른다. 물의 도시답게 수상 가옥이 2,500여 채나 떠 있고, 165개 운하에 1,280개가 넘는 다리를 걸어 놓고 가고 오고 오가며 살아간다. 재미난 동네로 일찍부터 소문났는지 무려 150여 나라에서 몰려든 다양한 사람들이 함께 숨 쉬며 어

암스테르담 시내 풍경

우러진다. 매매춘도 합법적으로 이루어지는 자유와 사랑의 도시이다.

아, 위 아 더 월드!

청년들의 밝은 모습을 몇 컷 담고도 싶었으나 멈추어 서지는 않았다. 주된 공략지가 고흐 미술관과 풍차 마을이기에 여기서 어정거릴 시간이 별로 없기도 하고, 강과 배와 보트라면 아침저녁 세느 강을 오르내리며 벗하는 풍경이라 대강 건너뛰고자 했음이다. 앞유리에 삐뚜름하게 붙어 있는 톰톰이 인도하는 바에 따라 곧장 고흐 미술관으로 향한다. 이 녀석은 말 많은 산초 판사에 비하면 군말도 없고 아주 똘똘하다. 지도책 펴들고 방향 살피랴 핸들 돌리랴 허둥대던 옛 시절에 비하면 지피에스 톰톰은 도깨비 방망이처럼 신기한 물건이다.

고흐 미술관

첫인상

미술과는 아직 상당히 거리가 있는 편이지만, 나에게는 화가 이상의 인물로 여겨지는 고흐의 작품들이 대거 숨 쉬고 있는 곳이라 하니 그냥 지나칠 수가 있겠는가? 암스테르담까지 달려와 고흐 미술관에 들르지 않았다 한다면 어찌 오베르 쉬르 오아즈는 고사하고 몽마르트르엔들 다시 들락거릴 수 있겠는가 말이다. 책에서나 보던 《감자 먹는 사람들》이며 《자화상》, 《해바라기》 등 걸작들을 직접 보고 싶은 마음이 주된 이유이지만, 이곳까지 와서 거장 고흐에게 경의를 표하지 않고 지나친다는 건 예의가 아니라는 생각이 이미 의무감처럼 박혀 있었다.

그러나 드디어 마주한 미술관은 외양에서 조금 실망이었다. 파리에서 루브르나 오르세 미술관 같은 웅장하고 고풍스러운 건물을 많이 보아온 탓일까? 현대식 건물의 고흐 미술관은 겉보기에 무게감을 느끼게 하는 멋이 부족하다 싶어서

고흐 미술관

다. 미술관 또는 박물관이라면 으레 클래시컬하고 묵직한 건물일 거라는 선입견 탓이거나 고흐가 아주 별난 화가이기에 그의 미술관도 당연히 특별할 거라 미리 규정하고 있던 때문인지도 모르겠다. 겨우 1년 남짓이지만 그새 파리 물 좀 먹었다고 현대식의 반듯반듯한 건물들은 가벼운 성냥갑이거나 컨테이너 같다 여기게 된다.

어린 시절 전부를 초가지붕 아래에서 보낸 주제에 참 건방진 타령이다 싶은 생각을 해 가며 줄지어 선 사람들 틈에서 꾸무럭거리다 보니 매표창구가 요금표를 코에 걸고 다가선다. 어른 14유로. 순간 루브르 박물관 입장료가 8유로라는 생각이 떠올라 또 자잘한 비교가 시작된다. 외양에서 살짝 느낀 실망감이 여전히 심통을 부리고 있는 있었던 건지도 모르겠다. 소득 없는 일인 줄 알면서도 뒤를 돌아보며 동의를 구한다.

"좀 비싸다, 그지?"

물론 어떻게 해 보겠다는 게 아니라 그냥 던져본 투정이지만, 뒷사람은 아무 반응이 없다. 영화 《바그다드 카페》의 마리안느 세이지브레트를 닮은 뚱뚱한 아주머니는 피곤 때문인지 알 듯 모를 듯 묘한 표정으로 빙긋 웃을 뿐 묵묵부답이다. 순간 머쓱한 기분이 되었다.

아, 내가 또 무식한 티를 냈구나. 미술관이든 박물관이든 외관이 뭐 그리 대수인가? 껍데기야 어떻든 그 안에 무엇을 소장하고 있는가가 중요하지 않겠는가. 존경하는 고흐의 작품을 보러 왔다면서 몇 유로 입장료를 아까워하느냐며 뒷사람이 비웃고 있을지도 모른다는 생각에 순간 가라앉는 기분이 된다. 역시 우리의 시골 귀족 돈키호테는 참으로 소심하고 자잘한 위인이다. 그만한 일로 의기소침해진 나는 엉뚱하게도 고흐가 자신의 귀를 잘랐다는 칼을 떠올린다.

데생용 4H 연필 깎기 칼이었을까? 면도할 때 쓰는 도루코 표 양면 날이었을까? 별것도 아닌 일인데도 왜 그렇게까지 감정 상태가 요동쳤는지 모를 일이지만, 나는 창피한 일을 저지른 아이가 갑자기 엉뚱한 몸짓을 하는 것처럼 혼자서 당황하고 있었다. 나도 그 면도날로 자해라도 하고 싶었던 걸까. 뒤죽박죽 앞뒤 없는 잡념이 엉키는 사이 뒷사람들에게 떠밀리다시피 표를 사 들고 안으로 들어서게 되었다.

그리고,
미술관 내부

출입문을 밀치자 곧 내 무식한 염려가 탄로 났다. 내부는 밖에서 짐작하였던 것보다 밝고 공간 배치 또한 훌륭해 보였다. 조명 장치들의 위치도 적절해 보이고, 특히 각 전시장을 편리하게 이동할 수 있게 계단과 통로들이 유기적으로 연결되어 있음을 보고 상당히 머리를 써서 지었구나 한다. 예상외로 조화롭고 짜임새 있는 전시 공간을 대하자 멋없는 외양이라 입장료도 쌀 거라 여겼던 무식함을 들킨 듯하여 다시 움찔한 마음이 된다.

'고흐가 자신의 귀에 면도날을 들이대었을 때 많이 아팠겠지? 망설이지는 않았을까? 피가 많이 흘렀을 텐데……. 귀를 자르고 나서 면도날을 던졌을까, 잘린 귓밥이 먼저 떨어졌을까? 창녀 라셀에게 바치려고? 투우, 아니 고갱 때문이었다고? 그림에는 오른쪽 귀에 붕대를 감고 있지만, 거울을 보고 그린 것이기에 왼쪽 귀가 틀림없을 거야. 그리고 귀를 통째로 자른 건 아니고 귓밥만 살짝…….'

고흐 미술관 내부

대답없는 아주머니

잠깐이었지만 도무지 말 같지도 않은 우울한 기분이 꼬리를 물고 있었는데, 단순히 장시간 운전에 따른 피로감 때문만은 아니었던 것 같다. 어수선해진 마음을 정돈하는 기분으로 미술관 홈페이지(http://www.vangoghmuseum.com)로 가본다. 여기에는 205점의 고흐 작품들이 19세기의 다른 유명 화가들의 회화나 조각 작품들과 함께 소장되어있다 한다. 테오가 보관하고 있던 550점 그림들이 그마저 세상을 떠나자 부인 요한나에게 양도되었다가 1925년 그녀 타계 후 아들 빌럼 반 고흐에게 상속되었던 것이 1962년 고흐재단에 기증되고, 이를 토대로 1973년에 박물관이 세워졌단다. 그 밖의 작품들은 오테를로의 크롤러 묄러 미술관에 95점, 미국이 190점, 스위스 80점, 프랑스 45점, 영국 35점, 독일 25점, 러시아가 10점을 각각 소장하고 있는 것으로 파악되고 있다. 잘 알려진 대로 고흐 살아생전에는 겨우 한 점(붉은 포도밭, 1888)만 팔렸고, 사후 10년이나 지나서야 그의 작품들은 평가받기 시작했다.

고흐의 대작들 외에도 고흐와 폴 고갱, 폴 세잔 등과 가까이 지낸 것으로 알려진 에밀 베르나르Émile Bernard(1868~1941.

4.16)의 작품 일부도 볼 수 있었다. 형태를 검은 윤곽선으로 분할해 대담하게 그려내는 클루아조니즘 양식의 이론을 확립한 베르나르는 시인이자 문필가이기도 하다.

그는 1894년에 이탈리아를 여행했고, 그 후 10년 동안 이집트에서 지냈으며, 고흐처럼 파란만장한 삶을 살았었다. 그리고 고흐와 애증의 관계였던 고갱과 인상파 화가 르누아르의 작품들 일부도 볼 수 있어 참 풍성한 느낌이었다.

《감자 먹는 사람들》과 보릿고개 추억

감자 먹는 사람들

나는 지금 그 대작들을 마주하고 있다. 파리 시기(1886~1888)로 분류되는 때 그린 《자화상》, 아를 시기(1889~1889)의 《해바라기》며 오베르 시기(1890)의 《까마귀 나는 밀밭》 등을 직접 보는 흥분과 함께 가난했던 시절 생활상을 손에 잡힐 듯 진하게 보여 주는 《감자 먹는 사람들》은 새삼 상당한 충격으로 다가온다. '이 그림은 손과 그 노동을 이야기하고 있다.', 고흐는 테오에게 쓴 편지에서 그렇게 얘기했었다. '등불 아래에서 감자를 먹고 있는 이 사람들이 접시를 드는 것과 같은 그 손으로 대지를 팠다는 것을 강조하려 했다'는 것과 '그들이 얼마나 정직하게 스스로의 양식을 구했는가를 이야기하고 있다'고 덧붙여 설명했었다.

'화가의 길로 들어서고 나서 2년간의 습작 기간을 거친 다음 처음으로 완성한 그림이야. 모델은 없었고, 농부를 이상화하

거나 감상주의로 포장하지 않고 자연스럽게 나타내려 했었어. 여러 사람이 등장하는 복잡한 구도로 그려본 것도 처음인데 석판화지. 전사지를 사용하지 않아 판화와 유화의 화면 구성이 반대이기는 해. 아무튼, 내가 가장 뿌듯하게 생각하는 작품이지.'

이에 덧붙여, 사람들이 편한 대로 네덜란드 시기(1880~1885)로 분류하는 기간의 마지막 해인 1885년에 그렸다 설명한다. 스스로 가슴에 방아쇠를 당기기 5년 전이었고, 조선이 왜국에 의해 강점되던 15년 전이었다. 우리도 그 무렵에는 무척이나 가난했었는데.

고흐의 설명을 듣고 나니 이 그림이 더욱 묵직하게 가슴을 파고든다. 어둡고 무거운 배경색에서 좌절을 느끼면서도 노란 색조로 퍼지는 전등 불빛에서 희망의 기운이 돋아나고 있음을 엿본다. 침울한 분위기와 지쳐 보이는 농부들의 눈망울에 절망이 어려 보이지만, 끝내는 헤쳐나갈 수 있다는 강한 생명력을 느낀다. 자연에 대한 신뢰, 그리고 다시 일어서고자 하는 투박한 정신력을 동시에 말해 주고 있는가도 싶다. 힘든 현실 속에서도 정직한 노동으로 참된 수확을 하는 농민의 아름다운 모습을 그려 내려 했다는 이 작품을 지긋이 대할 기회를 가진 것만으로도 몇 시간을 달려 진군한 보람이 있다. 입장료에 관한 자잘한 투정은 허공에 뿌려진 담배 연기처럼 흔적도 없이 사그라져 버렸다.

보릿고개 추억

《감자 먹는 사람들》 앞에 서 있는 시간이 길어지자 암울했던 때의 우리네 생활상이 슬픈 모습으로 오버랩된다. 보릿고개. 춘궁기春窮期라고도 불렀던 이 시기는 가난한 농민들에게 참으로 힘든 시기였다. 1년 내내 제대로 먹지 못하고 지내는 편이었지만, 특히 이 시기에는 걸식으로 연명하거나 유랑민으로 전락하여 굶어 죽는 사람도 적지 않았었다. 1930년대 우리네 농민 거의 절반이 초근목피로 연명하였다 하고, 60년대까지만 해도 영양실조로 부황증에 걸린 사람들을 심심찮게 볼 수 있었던 어둠 터널이었다. 우리는 세계에서 두 번째로 가난한 나라였고, '이밥에 쇠고기국'은 최고 성찬의 대명사로 통하던 궁핍의 시기였다. 농촌에서는 해마다 으레 겪어야 하는 불편쯤으로 여기며 견뎌내야 했던 보릿고개는 일제 식민 통치 때문에 더욱 구조적으로 정착되었고, 그 우울한 그림자는 불과 한 세대 전까지만 해도 우리 곁에 어슬렁거리고 있었다.

보리가 채 여물지 않은 사오월

지난해 수확한 곡물로 긴 겨울을 보내고 이른 봄이면 양식이 바닥나버리는 이 시기의 농민들은 비장한 각오를 해야만 했었다. 이웃에서 쌀이나 보리를 됫박으로 꾸거나 옥수수나 감자 등으로 겨우 끼니를 이으며 근근이 연명해야 했다. 그래도 그 정도는 나은 편이고 산나물이나 송기(소나무 가지의 속껍질), 풀뿌리 등 초근목피로 허기를 채우는 경우도 허다하였다. 보리 익기를 기다리기에는 너무 허기져서 아직 시퍼런 보리 이삭을 따다 푹 삶아 죽을 쑤든가 보리알이 펑퍼짐 부풀어 오를 때쯤 끄집어내 말린 다음 막대기로 털어낸 알갱이를 으깨어 끼닛거리로 썼다. 보리등겨나 밀기울로 만든 개떡으로 배를 채우거나 심지어는 전단토田丹土나 흰 찰흙을 나물죽에 섞어 먹기도 하였다.

아이들은 땅바닥에 떨어진 감꽃을 주워 강아지풀이나 실에 꿰어 목에 걸고 놀다가 한 주먹씩 입에 털어 넣으며 허기를 달래기도 했다. 갓 나온 찔레꽃 줄기나 뒷산에 핀 참꽃 진달래, 아카시아 꽃잎도 좋은 먹거리였다. 들판을 뛰어다니며 잡은 메뚜기나 개구리 뒷다리, 심지어 뱀까지도 구워 먹곤 하였는데 그것들은 참새나 가재 등과 함께 일종의 특식이었다.

훌륭한 단백질 공급원이 되어 주었으니 말이다. 나도 그러면서 자랐다. 엄마가 뒷산에 나물 캐러 갔다 돌아올 때면 머리에 인 나물 보따리 귀퉁이에는 연푸른색 송기가 더듬이처럼 꽂혀 있었고, 진홍색 진달래꽃을 포개 묶은 참꽃 방망이가 솜사탕처럼 피어 있었다. 그게 아이스크림이고 케이크인 셈이었다.

점심을 물바가지로 대신하거나 감자 몇 알 또는 잡초인 피 알갱이를 삶아 요깃거리로 들고 오던 동무들 모습이 떠오른다. 도시락이라 한들 보리나 조가 반 이상이나 섞인 밥에다 몇 조각 김치와 잘해야 멸치 몇 마리에 고추장 정도였다. 계란은 명절이나 소풍 때라야 맛 볼 수 있었던 특식에 속했다. 그래도 고추장 비빔밥은 늘 맛있었다. 기다렸던 점심시간이 되면 일본어로 벤또라 불렀던 도시락통을 열고 일단 몇 숟갈 떠먹어 공간을 만든 다음 고추장을 있는 대로 넣는다. 그리고 다시 뚜껑을 닫은 후 양손으로 벤또를 꽉 잡고 아래위로 옆으로 장단 맞춰 흔들어댄다. 그렇게 신 나게 흔들다 뚜껑을 열면 밥알은 골고루 빨갛게 변해 있는데, 또글 대는 보리밥이라 차라리 잘 비벼졌다. 다 먹은 후에는 운동장 옆 개울로 가서 모래 한 줌과 물을 조금 넣고 다시 아래위로 옆으로 몇 번

흔들면 노란 양은 도시락통은 깨끗하게 씻어졌다. 그리고 집에 가면 말끔히 설거지까지 해 왔다고 엄마한테 칭찬받기도 했었다.

그리고 더 아린 기억들

흙 묻은 감꽃을 주워 후후 불거나 송기를 벗겨 먹던 기억은 낭만적인 구석도 있는 추억이랄 수도 있겠다. 아릿한 기억 저 너머에는 아직도 진한 핏빛으로 남아 봄 햇살이 일렁일 때면 번뜩이곤 하는 아픔의 편린들이 있다. 애장과 진달래와 연달래. 허기진 아이들이 뒷동산에 올라 이름 모를 풀뿌리나 독초를 무턱대고 캐 먹다가 똥물까지 토해내고 그 자리에 드러누워 영영 내려오지 못하는 경우도 더러 있었다. 돌림병이라도 유행할라치면 밤새 이 집 저 집에서 대책 없는 곡소리가 비통했었고, 날이 밝고 나면 마을 뒤편 야트막한 동산에 어제는 안 보이던 속살 드러낸 붉은 흙무더기들이 여기저기 부스럼처럼 돋아났었다.

애장이라 불리었던, 봉분도 없는 아가들의 무덤들이 엉성한 싸리 소쿠리를 뒤집어쓴 채 돌덩이 몇 개씩을 끌어안고 엎드려 핏빛처럼 진한 참꽃 진달래 가지를 끌어 잡고 있었다. 진달래. 너무 화사해서 슬픈 진홍색 두견화. 진달래가 서럽게 흐느끼다가 사그라지고 나면 말없이 엎어져 있는 애장들 사이로 화사한 연분홍 철쭉이 찾아와 위로하지만, 흙더미 속 아이들은 이제 더는 꽃잎은 따 먹지 않는다. 진달래가 지고 나면 연달아 피어난다 해서 연달래라 불리었던 그 꽃은 꽃잎이라고 함부로 따 먹으면 안 된다고 알리기라도 하듯 이파리에 거뭇거뭇 반점을 드리우고 있다. 독성을 품고 있어 양 조차도 함부로 먹으면 죽는 수가 있기에 양척촉洋躑躅이라 불리기도 한 철쭉꽃 연달래는 아가 잃은 애달픈 엄마의 치맛자락이 되어 뒷동산에서 펄럭일 뿐 더는 먹을 수 있는 꽃이 아니다.

너나없이 배가 고팠었다. 미국에서 구호물자로 보내온 강냉이 가루로 죽을 쑤어 전교생이 나눠 먹던 경우만 해도 배부른 시절이었고, 어쩌다 분교 아닌 본교에서만 배급하던 우윳가루를 타러 걸어갔다 오던 30리 길은 차라리 신바람 났었다. 훈련소를 나와 자대 배치된 어느 겨울, 식사 후 남은 음식을 비우는 잔반통 앞에 있던 병사가 식기를 비우는 척하더니 얼른 드럼통 안의 밥덩이를 한 주먹 움켜쥐고 사라지던 광경은 아직도 정지 화면으로 선명하게 뇌리에 남아 있다. 대다수 국민이 겪어야 했던 수난의 계곡이자 눈물겨운 생존의 고개인 보릿고개는 그렇게 높고 깊었다. 그처럼 서러운 기억 조각이 유리 파편같이 망막 깊은 곳에 박혀 있어서인지 이 그림에서 뒤돌아 앉아 등을 보이고 있는 여인은 쪽 찐 머리에 한복 입은 우리네 어무이, 아지매와 닮아 보여 자꾸만 앞모습이 궁금해진다.

바보짓, 그림 훔치기

미술관이나 박물관 입구에는 으레 사진 촬영 금지 표시가 붙어있다. 요즈음은 대충 용인되고 있는 것 같기도 하지만, 여전히 빨간색으로 그어진 카메라 그림이 금연 표시와 나란히 버티고 있다. 그럼에도 불구하고 나는 이름 있는 작품을 대할 때마다 셔터를 누르고 싶은 마음이 불뚝거려 슬쩍슬쩍 실례를 범하곤 한다. 물론 실내에서 담배를 빼 무는 미개한 일이야 결코 없지만, 금하는 일인 줄 번연히 알면서도 규칙을 범하고 싶은 마음이 되는 것은 어찌된 일일까. 말리지 못할 못난 이기심이 원인이겠으나, 어설픈 사진이라도 내가 직접 담았다는 데 희열을 느끼게 되는 소소한 정복감 탓이거나 관광지의 나무나 바위 등에 치기 어린 흔적 남기는 것과 같은 소영웅적 심리가 작동한 때문일지도 모르겠다. 아무튼, 나의 손가락은 머리의 해석과는 다른 행동을 감행할 때가 종종 있다.

사실 그렇게 마음 졸여 가며 몰래 찍은 것보다 훨씬 또렷한 사진들이 인터넷이나 서점 등에 지천으로 깔렸는데도 나는 자주 갈등하곤 한다. 굳이 촬영 금지 표시가 없다 하더라도 자제함이 좋다고 생각하면서도 변명해대기 바쁘다. 뭐, 옛날처럼 플래시를 터트리는 건 아니잖아? 아마도 그 불빛 때문에 그림이 상할 수도 있을 것이기에 금했던 일일 터인데 요즈음은 플래시 없이도 잘 찍히니 촬영 그 자체로 작품이 상한다고 볼 수는 없는 것 아닌가? 그렇다면 사진으로 많이 공개됨으로써 입장료 수입에 영향 있을까 걱정하기 때문일까? 하지만 많이 알려질수록 더 유명하게 될 터이니 오히려 관람객 수가 늘어날 것은 아닐런가? 그렇게 갈등하다가도 경비원이 한눈팔라치면 잽싸게 셔터를 눌러 버리곤 한다. 쪽팔림은 순간이고 기념은 영원하다 강변한다. 뭐, 순간인데 뭐. 그리고 나만 그러나 뭐. 수많은 관광객들 반수가 그럴는지도 모르는데 뭘. 혼자서 꾸역꾸역 변명을 늘어놓다가도 경비원이 나타나면 아무 일 없었던 것처럼 뒷짐을 지고 시치미 뗀다. 어쨌든 나는 아직도 사진 촬영을 금하는 진짜 이유가 궁금하다.

아이 같은 잡념에 잠기다 보니 스스로 바보 같다는 마음이 된다. 작품의 향기를 맡기보다는 그렇게 경비원 눈치 살피는 일과 눈길이 카메라에 머무는 시간, 그리고 그런 행위로 갈등하고 자기변명으로 허비하는 시간들을 제하고 나면 전시장에 머문 시간에 비해 올곧게 감상에 집중하는 시간은 뜻밖에 짧다 싶어서다. 입장료 비싸다고 투덜댈 일이 아니다. 스스로 입장료 가치를 까먹고 있다. 사실, 그림 훔칠 마음은 박물관에 들어오기 전부터 먹었던 게 아닌가. 이미 카메라를 움켜쥐고 들어갔으니까 말이다. 좌우간 나는 언제나 올바른 문화인이 될 수나 있을까 싶은 부끄러움이 크지만, 입장료 타령으로 투덜거리며 들어섰을 때보다는 무척이나 뿌듯한 마음을 안고 출구로 향했다. 그사이 조금 더 철이 든 모양인데, 이 또한

여 행 이 주 는 선 물 인 가 한 다 .

빈센트 반 고흐의 작품들

▲《해바라기》 1888년, 런던 내셔널 갤러리
◀《회색 모자를 쓴 자화상》 1887년, 고흐 미술관
▼《수확하는 사람》 1889년, 고흐 미술관

• 《별이 빛나는 밤》 1889년, 뉴욕 현대 미술관

▲《싸이프러스 나무가 있는 길》 1890년,
크뢸러뮐러 미술관
◀ 폴 고갱 作《해바라기를 그리는 고흐》,
1888년, 고흐 미술관
▼《까마귀가 나는 밀밭》 1890년,
암스테르담 시립박물관

잔세스칸스 풍차 군단과의 전투

풍차 군단을 찾아서

풍차 마을 가는 길

노란색이 펼쳐진 강렬하고도 신비한 동굴에서 빠져나온 느낌이었다. 묵직한 출입문을 밀치니 거리 가득 넘쳐나고 있는 햇살이 거친 파도처럼 와락 밀려든다. 눈이 부셨다. 아뜩한 현기증이 일어 잠시 계단에 주저앉았다가 꼬불거리는 고흐의 삼나무Cypresses처럼 비틀대며 도로를 건넌다. 애송이 가로수가 드리우고 있던 얄팍한 그늘은 이미 곤추서 버려 온몸으로 뙤약볕을 뒤집어쓰고 서 있는 로시난테에게로 다가갔다. 의자 밑 그늘에 숨겨둔 톰톰을 깨워 떠듬떠듬 다음 행선지를 입력한다. 잔세스칸스. 네덜란드라는 식당에 들어와 고흐의 장중한 명화들로 전식을 마친 셈이니 이제 한 접시 가득 메인 디시를 찾을 일이다. 후식으로는 튤립을, 그리고 고흐 생가에 들러 커피처럼 그의 향기를 맡을 것이다.

가자, 풍차 마을로!

풍차는 암스테르담에서 멀지 않은 곳에서 돌고 있다 했다. 그런데 잔세스칸스라 입력하고 로시난테의 고삐를 잡았지만, 과연 제대로 나아가고나 있는지 걱정되기 시작한다. 불과 30분 거리라 했는데 도무지 이정표가 마중 나오지 않아서다. 의심이 들다 보니 잔세스칸스가 지역 이름일 뿐 정확히 풍차가 돌아가고 있는 곳을 의미하는 건 아닐 수도 있지 않겠는가 싶기도 하다. 용인에 간다고 바로 민속촌이 나타나는 게 아닌 것처럼 말이다. 얼마 전, 함께 근무하는 박서기관이 "잔세스칸스에는 갔었는데 길을 잃어 멀찍이 강 건너에서 대강의 모습만 보고 왔다" 한 얘기가 떠올라 부쩍 걱정이 더해진다.

그러고 보니 조금 전 고속도로에서 빠져나온 길의 방향이 수상쩍다. 누구라도 붙들고 물어봐야겠다 싶어 두리번대며 서행하다 10분쯤 후에 나타난 주유소에 들러 머뭇머뭇 계산대로 다가섰다. 수수한 농촌 아낙네 모습의 종업원이라 그리 기대치 않았는데 놀랍게도 막힘없는 영어로 자세하게 설명하여

준다. 고맙고 반가웠다. 무척 친절하기도 하였지만, 파리에서는 좀처럼 듣기 어려울 정도의 유창한 영어여서 마치 고향에 온 듯한 기분이 된다. 내게는 영어도 영 어려운 외국어이기는 하나, 불어는 불어도 불어도 불어날 기미 없이 퉁퉁 불어 터지기만 하는 터여서 서툰 영어라도 프랑스에서는 마치 우리말 사투리인듯 반갑다.

역시나 엉뚱한 방향으로 내닫는 중이었다. 일단 차를 돌리란다. 먼저 퓌르메런트Purmerend로 방향을 잡고 가다 보면 이정표가 보일 거라 한다. 하마터면 삼천포로 빠질 뻔했다. 얼른 주유소를 벗어나 유턴한다. 왔던 길을 되짚어 20여 분 서두르다 보니 그제야 잔세스칸스라 쓰인 소박한 표지판이 눈에 들어온다. 그러나 또 못난 실수를 했다. 이정표가 자그맣기도 하지만 풀밭 저만치에 수줍은 듯 비켜 서 있기에 순간 의심이 일어 그냥 지나친 거다. 대책 없는 소심증과 대물 숭상증이 은연중 발동된 모양이었다. 좀 더 가다 보면 제대로 된 표시가 나타나겠지. 이름난 관광지인데 초라해 보일 정도로 작은 말뚝이고 글씨이다 싶어 조금 더 나아가 가 보기로 한 거다.

그런데 곧게 뻗은 국도를 한참이나 더듬어 나아가도 더 이상은 잔세스칸스라는 표식은 보이지 않는다. 아차, 아까 그 작은 길로 갈 걸 그랬나 후회되었지만 이미 늦었다. 되돌아 나올 출구를 찾아 20여 ㎞를 더 두리번거리다가 겨우 원위치하여 그 작은 말뚝이 서 있던 소로로 접어들었다. 아직 본격적으로 들어서지도 않았는데 적진 초입에서 우왕좌왕이라니 편력기사의 모습이 참으로 초라하다. 유명 관광지는 크게 표시되어 있을 거라는 막연한 선입견이 선사한 또 하나의 오류로 아까운 시간과 휘발유 낭비를 가져왔다. 큰일을 그르치지 않으려면 작은 일에 충실해야 할 거라는 평범한 진리를 새삼 곱씹게 되었다.

복병

허둥거려가며 겨우 잔Zaan 지역에 들어섰다. 이름난 관광지라 진입로부터 붐비지 않을까 지레 걱정이었는데 오후 시간이라 그런지 도로가 한산하다. 소로로 섭어들어 4km 정도 더 나아가니 이제 정말 풍차 동네가 가까워지는지 농촌 냄새가 물씬 풍겨온다. 드디어 적진인가 보다. 살짝 긴장하며 좀 더 전진하는데 길이 한 갈래 더 갈라지는 삼거리가 등장한다. 조금 전의 실수를 거울삼아 이제는 놓치지 말고 방향을 잘 잡아야지. 최대 공략지가 드디어 코앞이니 신중을 기해야지. 이참에 숨 고르기도 하며 전열을 가다듬어야지 생각하며 로시난테를 길옆으로 몰아 일단 멈추게 한다.

풀밭에 내려서서 한껏 기지개를 켜며 풍차란 녀석들이 어디쯤 숨어 있을는지 가늠해 본다. 우선 눈앞에 펼쳐진 전경부터 카메라에 쓸어 담고, 한가로워 보이는 빨간 바지 농부의 모습까지도 함께 모신다. 그나저나 곧 격전이 벌어질 적진 초입

답지 않게 사방이 너무도 평온하다. 소박하게 펼쳐진 들녘이 엄마의 치마폭인 양 포근하고, 들꽃 가득한 연초록 풀밭이 새악시 저고리처럼 곱다. 발아래 낮은 지대로는 젖줄 같은 샛강이 풀뿌리 나무뿌리 적셔가며 흐르고, 들새들은 한가로이 하늘을 날며 노래한다. 한없이 평화로운 풍경이다.

이마에 손을 얹고 찬찬히 둘러보지만 너른 들판 어디에도 수상한 징후는 포착되지 않는다. 이쯤 어디에 척후병 한둘은 배치해 놓았겠지 하나 거듭 살펴도 주위는 고즈넉하다. 이따금 지저귀는 들새 소리가 바람처럼 스칠 뿐이고, 샛강도 속삭이듯 조용조용 흐른다. 농가조차 눈에 띄지 않을 만큼 나지막한 들녘인 것으로 보아 느닷없는 적병 출몰은 없을 듯 여겨진다. 아직은 아닌 모양이다. 너무도 평온한 모양이라 기사의 숭고한 이상을 실천하기 위해 출동한 편력 기사는 살짝 허탈한 마음이 되기도 한다. 어쩌면 돈키호테의 용맹함을 미리 전해 들은 적들이 지레 겁을 먹고 숨어버렸을지도 모르겠다 할 뿐이다.

아무튼, 아직은 풍차 군단 주둔지가 아닌가 보다 하고 다시 로시난테의 등에 오르려는 찰나였다. 푸드득 정적을 깨트리는 날갯짓 소리가 반사적으로 고개를 들게 한다. 창공을 날아오르며 그리는 물오리의 포물선 궤적을 따라 눈길을 주다 보니 구부러지는 강둑 저만치에 오뚝 서 있는 수상한 물체가 포착된다. 무언가 하고 다시 살피니 언뜻 커다란 선풍기 같은 물건이 쉼 없이 뱅글뱅글 팔을 휘젓고 있다. 요놈들 봐라!? 몰래 숨어 풍차 군단 본진과 무슨 연락이라도 취하고 있는 건가? 그럴지도 모른다! 그럼 그렇지, 네놈들이 감히 나를 속일 수야 없지! 비할 데 없이 영민하고 용감한 편력 기사 돈킴호테는 바로 로시난테를 채찍질하여 그리로 내닫는다.

적진 초입에서 벌인 예상치 못한 전투들

예상치 못한 전투 I

그리 멀지 않은 곳에서 해바라기 얼굴을 한 보초병 풍차 하나가 들판을 지키고 있었다. 겁도 없이 홀로 서서 뱅글거리고 있는 모양이 당돌해 보인다. 나로서는 처음 대하는 생김새인데, 그간 사진이나 그림에서 보아온 전통적 모습의 풍차가 아니라 실망이기는 하나 일단 사로잡고 봐야지 한다. 문초를 하다 보면 풍차 군단 본진의 위치도 캐낼 수 있을 듯도 싶다. 그러기 위해 우선 로시난테부터 멈춰 세워야겠는데 길가에 대강 밀쳐놓기에는 도로가 너무 좁다. 머뭇대며 좀 더 나아가다 보니 마침 애마를 안전하게 감추어 둘 만한 장소가 보인다. 강둑 아래로 비스듬히 내려서는 농로를 따라 조심스레 핸들을 꺾었다.

키 높이 정도의 강둑 아래인지라 보초병 풍차 편에서는 절대 보이지 않을 듯하여 안심이다. 로시난테를 숨긴 뒤 서둘러 카레라며 삼각대등 무기를 챙기기 시작한다. 그렇게 첫 전리품으로 동그라미 보초병 풍차를 잡으러 갈 채비를 하는데, 왠지 수상한 기운이 감도는 것을 감지한다. 조용하던 강둑에서 수런수런 들려오는 소리가 아무래도 심상치 않다. 무슨 일인가 하고 허리를 펴 보는데 뜻밖의 광경이 포착된다. 건너편 강둑길에 긴 머리 소녀를 태운 두 대의 자전거가 홀연히 나타나 보초병 풍차 쪽으로 질주하고 있는 게 아닌가.

어? 들켰구나! 틀림없이 척후병 스파이일 거야. 발레리 플레임 닮은 미녀 간첩 2인조 척후병. 용감무쌍한 편력기사 돈키호테가 쳐들어와 움직이는 모양을 시종 지켜보고 있다가 마침내 로시난테를 숨기고 무기를 챙기기 시작하자 득

달같이 보초병 풍차에게 일러바치러 가고 있음이리라. 괘씸한 것들! 놓치지 않아야겠다는 급한 마음에 재빨리 언덕 위로 튀어 오른다. 너무도 급한 상황이라 미처 구도를 잡을 틈도 없이 셔터부터 눌렀지만, 겨우 두어 컷 잡아냈다. 망원 렌즈를 장착할 시간 여유가 없었던지라 두 명 모두 긴 머리에 늘씬한 몸매라는 것만 확인했을 뿐 정확한 인상착의를 담을 수 없었음이 못내 아쉽다.

긴 머리 소녀들이 스쳐 간 동그라미 풍차

뒷모습이라도 한 장면 더 담으려 했으나 자전거는 이미 저만큼 달아나고 있었고, 동그라미 풍차는 아무 일 없었다는 듯 시치미 뚝 떼고 서 있다. 밉상은 아니다. 비록 적병이기는 하나 단아한 모습이 앙증맞고 강이며 들판 풍경과 어울리는 모양이 제법 귀엽다. 그나저나 꿈결처럼 홀연히 나타났다가 스르르 사라져버린 긴 머리 소녀들이 긴 여운을 남기며 망막에 맴돈다. 그들의 앞모습이 몹시 궁금하다. 놓친 고기처럼 여겨져서인지 그 소녀들의 미모는 아무래도 본드 걸 이상이지 한다. 어쩌면 형님 호테 돈키호테가 영원히 헌신하기로 맹세한 둘시네아 델 토보소 공주만큼이나 아름다울지도 모른다는 생각마저 들었다.

예상치 못한 전투 II

자전거 소녀들은 연기처럼 사라져 버렸지만, 긴장을 풀지 않고 좀 더 강가에 다가섰다. 서걱거리는 갈댓잎에 뺨을 스쳐 가며 동그라미 보초병 풍차 모습을 담아낼 채비를 하는데 느닷없이 또 다른 위기가 닥쳤다. 척후병 자전거가 달려간 저쪽에서 일진광풍이 불어 닥치며 흙먼지가 피어오른다. 두런두런 수상한 소리가 들리면서 사방이 소란하다. 아연 긴장할 수밖에 없었다. 이건 또 무슨 변고인가 싶어 황급히 고개 들어 살핀다. 놀라웠다. 한결같이 긴 머리에 맘브리노 투구를 갖추어 쓴 낭자 기사들로 이루어진 일련의 여전사 기마 부대가 투버덕거리며 진군해 오고 있는 게 아닌가!

아, 그 긴 머리 여간첩 발레리 플레임이 어느새 본진에까지 내달아 기별하는 바람에 아마조네스 여전사 기동 타격대가 출동한 모양이다. 정말 예상치 못한 기습이었다. 시골 들판의 풍차 군단이라 별것 아니라 여겼었는데, 이다지도 조직적이고 신속하게 움직이다니 그저 놀라울 뿐이다. 그러고 보니 조금 전 이 들판에 당도했을 때 사방이 너무 조용한 게 수상쩍다 하였는데, 역시 그랬었구나! 어물쩍하는 사이에 주도면밀한 적들의 기만전술에 완벽하게 당한 듯하다. 아무튼, 이제 본격적인 싸움이 시작된 것 같으니 나도 즉각 전투태세로 돌입해야겠다. 생각보다 빨리 선발대 적병을 만나 아연 긴장한 돈킴호테는 카메라를 창인 양 꼬나 들고 보초병 동그라미 풍차와 여전사 기마 부대를 향해 분연히 일어선다.

다급한 상황이라 제대로 초점을 맞출 여유도 없이 이리저리 겨누며 쏘아대다 발을 헛디뎌 강물에 고꾸라질 뻔한 위기를 겪기도 하였다. 강기슭이라 땅이 물렁거리기도 하였지만 널브러진 갈댓잎과 줄기가 어찌나 미끄럽던지 마치 스키 날을 밟은 듯하였다. 쭈울떡 미끄러지며 몸이 기우는가 싶더니 철퍼덕 소리가 났다. 오른쪽 다리가 물귀신에 잡아당겨진 듯 삽시에 물속으로 빨려 들어가면서 무릎 아래가 서늘해진다. 균형을 잡고자 사력을 다해 버둥거렸다. 다행히 평소 아침저녁으로 세느 강변을 오르내리며 단련해 온 몸인지라 한쪽 가랑

이만 목욕시키는 것으로 긴급 상황을 면하기는 했지만, 정말이지 하마터면 제대로 망신당할 뻔하였다. 다시 생각하여도 아찔하다.

상상해 보시라. 얼마나 우스꽝스러운 몰골이었겠는가. 천 리도 넘는 길을 기호지세騎虎之勢로 밀어닥친 편력 기사가 적들의 발치에서 강이라 할 수도 없는 개울물에 빠져 허우적거리는 모습을. 그것도 제법 값나가는 신무기를 몽땅 짊어지고 말이다. 가방 무게가 장난이 아니어서 헤엄은 엄두도 내지 못하고 애꿎은 삼각대를 심 봉사 지팡이인 양 휘저으며 어푸어푸 푸덩덩거렸을 터다. 당연히 정밀 전자 기기인 카메라며 렌즈는 즉시로 못쓰게 되었을 게 뻔하고, 아끼는 삼각대도 쓰다만 부지깽이처럼 아무 데나 던져두어도 괜찮을 물건이 되어버렸을 터이다. 정말이지 말 잔등 높다랗게 앉아 박장대소 깔깔거릴 수많은 낭자들 앞에서 제대로 웃음거리가 되지 않았겠는가. 말들도 히잉~ 앞발을 치켜들고 웃었을 게 분명하다.

아직 풍차 군단 본진은 찾아내지도 못하였는데 이거야말로 적을 코앞에 두고 자멸하고만 꼴이 아니었겠는가. 불행 중

다행으로 아주 고약한 상황이 벌어지지는 않았지만, 마치 지옥에서 살아 돌아온 기분이었다. 겨우 익사를 면하고 몸을 추스른 돈킴호테는 바짓가랑이의 진흙을 털어낼 겨를도 없이 허우적대며 긴 머리 낭자군을 향해 렌즈를 돌린다. 그러나 여전사 기마 군단은 초당 다섯 컷씩이나 잘라낸 당구공의 연사 작동에도 불구하고 나의 치열한 공격을 아는지 모르는지 태연하게 행군을 계속할 뿐이었다. 강을 덤버덩 뛰어넘어가 모조리 박살 내고 맘브리노 투구를 전리품으로 빼앗아 오고 싶지만, 편력 기사 돈킴호테가 후다닥 뛰어들어 건너기에는 강폭이 넓고 물길도 좀 깊다.

예상치 못한 전투 III

낭자군 기마 부대가 무슨 꿍꿍이속인지 풍차 앞에서 서서 머뭇거리더니 다시 전진하며 천천히 멀어져 간다. 동그라미 보초병 풍차와 잠시 밀담을 나눈 듯한데, 아마도 돈킴호테라는 괴상한 침략자가 어디쯤 숨어 있는지 물어본 것인가 하였으나 확인해 볼 수는 없다. 어쨌든 그들은

갈대숲에 묻혀 날렵하게 은폐·엄폐하며 치열한 공격을 해대는 이 몸을 끝내 발견치 못한 모양이다. 그렇게 여전사 기마 군단이 썰물 빠지듯 물러가자 다시 주위가 잠잠해진 터라 겨우 안도하며 말자 친구 한 명을 불러내어 입에 물려던 참이었다. 그런데 느닷없는 굉음이 진동하며 또 다른 공포가 엄습한다. 한숨 돌릴 틈도 없다. 설상가상이라더니 이런 경우를 두고 하는 말인가 싶었는데, 이거야말로 기습이다!

갑자기 투투투 요란한 발동기 소리가 덮쳐 오며 굉장한 소란으로 강둑을 떨게 한다. 겨우 평온을 되찾으려던 갈대숲이 일시에 우수수 술렁이고, 강물도 기가 차는지 출렁출렁 머리를 흔들어대며 나자빠진다. 이미 두 번의 예상치 못한 공습으로 혼겁을 한 돈킴호테는 연달아 이어지는 적병의 시간차 공격에 정신을 차리지 못할 지경이다. 자전거 미녀 척후병들이 조롱이라도 하듯 쏜살같이 사라지고, 낭자군 기마 부대가 위압적으로 들판을 휩쓸고 가더니 드디어 현대식 장비로 무장한 주력 부대의 본격적 공습이 시작되나 보다.

강둑을 흔들어대는 굉음에 놀라 기절할 뻔한 돈킴호테는 불이 댕겨지다가 만 담배를 강물에 튕겨버리고 황급히 고개를 든다. 신식 병기로 무장한 괴물 같은 적병의 습격이다. 눈 깜짝할 사이에 날렵하게 생겨 먹은 수상 보트 한 대가 말 탄 낭자들이 사라진 쪽에서 혜성과 같이 등장하고 있었다. 우두둑 요란하게 돌진해 오며 앞뒤로 요동칠 때마다 번쩍번쩍 눈부시기까지 하다. 이건 또 웬 놈이냐 싶어 말 꽁무니로 향했던 니코르 에이에프 자동화기를 급히 돌려 정조준해 보지만, 이 녀석은 속도가 워낙 빨라 순식간에 렌즈의 포위망에서 달아난다. 빠른 자동 포커싱을 자랑하는 AF 렌즈마저도 당황하여 버벅댈 만큼 전광석화와 같다. 겨우 두 컷 담았는데 날렵한 보트는 찰카닥하는 순간 시야에서 사라져 버렸다.

상황 종합

적들의 연이은 기습에 도무지 정신을 못 차릴 지경이지만 여기서 주저앉을 수는 없다. 영민한 돈킴호테는 일련의 돌발 사태에 관해 종합 분석한다. 풍차 군단과의 본격적인 조우에 대비함이다. 교활한 잔세스칸스의 풍차 군단 지휘부는 편력 기사 돈킴호테가 멀리 파리로부터 쳐들어온다는 것을 이미 감지하고 있었을 것이다. 5월을 좋아하는 녀석이니까 5월 첫날에 기습적으로 진군해 올 거라는 것까지도 계산하고 있었음이 틀림없다. 그리하여 마을 어귀에 보초병 풍차를 세우고, 긴 머리 소녀 2인 1조 첩보원을 척후병 삼아 사전에 배치하고 있었다. 임무를 부여받은 미녀 첩보원 발레리 플레임 조는 최전선까지 미리 나와 갈대밭에 숨어 나의 등장을 기다리고 있었다. 그리고 드디어 모습이 드러나자 나의 일거수일투족을 빠짐없이 예의주시하고 있었으리라.

척후병들이 매복지로 갈대밭을 택한 이유는 간단하다. 갈색 긴 머리가 바람에 날리더라도 무성한 갈대꽃에 자연스럽게 은폐될 수 있을 거라는 계산을 하고 있었기 때문일 터인데, 이것만 보아도 고도로 훈련된 전문 요원들임이 분명하다. 나의 동태를 일일이 감시하던 미녀 척후병들은 내가 드디어 동그라미 보초병 풍차를 공격할 태세를 갖추는 것을 보자 즉시로 움직였다. 탄력 있는 몸매로 용수철처럼 튀어 강기슭에 숨겨 두었던 자전거를 타고 앞서거니 뒤서거니 보초병 풍차에게로 달려간다. 숨을 헐떡이며 심상치 않은 사태가 벌어지고 있음을 귀띔한 다음, 다시 전속력으로 본진으로 내달아 나의 침입을 낱낱이 보고한 것이리라. 이에 풍차 군단 본부에서는 즉각 대규모 긴 머리 낭자군 기마 부대를 선발대로 출동시켰다.

그러나 멋 낼 줄만 알았지 멍청한 낭자군 부대는 영특한 돈킴호테가 강 건너 갈대숲에서 분투하는 것을 발견치 못하고 그냥 지나친 것이다. 오죽했으면 그 많은 부대원이 나 하나를 못 찾아 보초병 풍차에게 물어보기까지 했겠는가? 강물에 고꾸라져 푸덩덩댈 뻔한 실수로 제법 소란을 피웠는데도 눈치채지 못하고 말이다. 그래서 좀 더 강력한 특공대 투입이 필요한 것을 절감한 적군 지휘부는 암스텔 강에 머물고 있던 함대 사령부 소속 알레이 버크급 최신예 구축함을 출동시킨 것이다.

하지만 나는 이에 기죽지 않고 최근 발매되어 보급기 중에는 성능이 앞서는 DSLR을 꼬나 들고 모든 광경을 포획하며 대적하였다. 굉음을 내며 다가온 전투함정조차도 당구공의 연속 샷이 무서웠는지 모터야 나 살리라고 하며 뒤도 안 돌아보고 줄행랑쳤었다. 이에 고무된 용감무쌍한 돈킴호테는 형님 호테 돈키호테가 그랬던 것 처럼 목청 껏 외쳤었다.

"그래, 이 비겁하고 형편없는 놈들아, 오직 기사 한 명이 너희들을 대적하려고 하니 아예 도망갈 생각은 말아라!"

말 많은 산초 미키는 집에 두고 온 터여서 진정하라고 말리는 자도 없었다.

헤라클레스Hercules 풍차와의 조우

헤라클레스

자전거가 굴러가고, 말이 지나가고, 보트도 스쳐 간 다음 전장은 일시에 소강상태로 접어들어 다시 적막해졌다. 이따금 공중을 날아오르는 들새의 날갯소리만 들릴 뿐 사방이 고요하다. 그제야 다소간 여유를 되찾고 주변을 재차 둘러보는데, 저만치 강둑에 허여멀건 얼굴을 내밀고 있는 한 녀석이 눈에 들어온다. 넙데데 네모난 모습에 무표정이다. 얼핏 느낌에 어설프게 카메라를 꼬나 들고 강물에 빠져가며 허둥대는 내 모양을 비웃고 있는 듯도 하였는데 도대체 뭐하는 작자인지 궁금하다.

동그라미 보초병 앞에 네모난 방패? 낙오병인가도 하였지만, 요지부동으로 서 있는 모습이 아무래도 수상하다. 다시 살펴보니 두 다리를 아예 땅에 박고 있어서 처음부터 움직이는 위인은 아니다. 아무튼, 붙박이로 있는 놈이니 갑자기 공격해 오거나 할 위험성은 없겠다 싶어 긴장을 풀고 접근해 갔다.

가까이 다가가 대면하고 보니 네모난 얼굴 전면에다 무언가를 잔뜩 끄적거려 놓고 있다.

도대체 무슨 사연인가 하고 보니 바로 강둑 건너편 보초병 풍차의 내력이었다. 꼬부랑 글씨지만 친절하게도 네덜란드, 독일어와 함께 영민한 돈킴호테가 까막눈 정도는 면한 영어도 있기에 그리 어렵지 않게 해득할 수 있었다.

'1922년 미국인 아부지에 의해 태어났으며, 이름은 헤라클레스라 한다. 1920년대에는 네덜란드 전역에서 노역을 제공하기도 하였는데 지금도 해수면 저지대 간척지 수위 조절에 기여하고 있다. 기존의 풍차들 모습과는 달리 새 스타일로 등장한 이 친구는 이즈음 네덜란드 들판 풍경에서 아주 진귀한 모습이었다. 그리고 산업화에 기여한 바가 지대한 기념비적인 존재이기도 하다.'

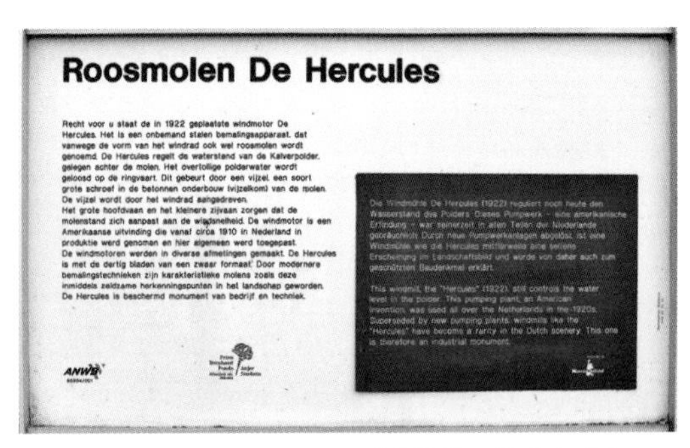

헤라클레스 풍차의 내력

그리고
열세 번째 형벌

헤라클레스. 그는 최고의 신 제우스의 외도로 태어났다. 힘센 영웅을 낳고 싶었던 제우스가 전장에서 돌아오는 암피트리온 모습으로 변신하여 알크메네와 잠자리를 같이한 결과였다. 하늘의 지배자 제우스는 그에게 영원히 죽지 않는 생명을 얻게 하고자 아내 헤라 여신이 잠든 사이에 몰래 그녀의 젖을 물린다. 그러나 빠는 힘이 하도 세었던 탓에 그만 잠에서 깨어난 헤라의 뿌리침을 당하고, 그 바람에 허공으로 흩뿌려진 젖은 온 하늘에 퍼져 은하수가 되었다. 뻐꾸기, 백조, 황소 등으로 변신해 가며 수많은 여신이나 여인들과 정사를 가진 바람둥이 남편 제우스의 숱한 외도가 미웠기에 헤라클레스는 계모 헤라로 부터 갖은 박해에 시달려야 했다.

헤라는 헤라클레스가 태어난 지 겨우 8개월 되던 어느 날

그의 요람으로 뱀을 두 마리나 보내기도 했다. 하지만 헤라클레스는 무서워하지도 않고 뱀들을 목 졸라 죽일 만큼 강했다. 청년기에는 헤라가 내린 신탁에 따라 그의 경쟁자이기도 한 미케네와 티린스 왕국의 왕 에우리스테우스 밑에서 힘든 노역을 치른다. 과제는 모두 열 가지나 되었으나 헤라클레스는 부과된 일들을 묵묵히 이행하였다. 하지만 '아이게우스의 외양간 청소일은 보상을 받고 한 것'과 '히드라를 퇴치할 때 사촌 이올라오스의 도움을 받은 일'이 문제 되어 '황금 사과 따 오기'와 '케르베로스 잡아 오기' 등 두 가지 노역이 추가 과제로 더해졌다. 그래서 노역수가 열두 개로 늘어났지만, 헤라클레스는 그마저도 성실히 완수하였다.

모진 박해를 받으면서도 열두 가지나 되는 노역을 모두 치러 내었기에 헤라클레스는 이제 해방된 몸인가 했다. 그런데 어찌하여 또 다른 형벌이 더해졌단 말인가? 그래도 그때의 노

역들은 사자나 히드라를 퇴치하고 암사슴, 멧돼지나 야생마 등을 생포하거나 기껏해야 외양간 청소를 하는 등의 끝이 보이는 고생들이었다. 그런데 이 물 퍼 올리기 노역은 대체 누가 왜 부과한 벌이란 말인가? 하루, 이틀, 사흘... 매매일 돌고 돌며 퍼 올려도 강물은 마르지 않고 그대로이지 않은가?

영문도 모른 채 풍차가 된 헤라클레스는 허허로운 들판에 홀로 서서 낮에는 이글거리는 태양을 마주하고 밤이면 자신이 빚어낸 은하수를 머리에 이고 스물 네시간 쉼 없이 맴돌이하고 있다. 시시포스가 '측량할 길 없는 시간'과 싸우며 반복해서 산꼭대기로 바위를 밀어 올리듯 퍼내도 퍼내도 줄지 않는 강물을 끝없이 퍼 올리고 있다. 날개도 보통 네 개인 일반 풍차와 비교하면 일곱 배도 넘는 서른 개나 달고 뱅글뱅글 현기증 나게 돌고 있다. 제대로 먹지도 못하는 모양으로 마른 몸에 뼈가 앙상하게 드러나고, 가분수가 된 체구로 창고같은 작은 집 지붕에 올라가 꼰들 거리며 종일토록 다람쥐 쳇바퀴 돌리듯 땀 흘리고 있다. 열세 번째의 형벌. 오늘이 마침 금요일인데 우직한 영웅 헤라클레스가 마의 숫자 13에 걸려 헤어나지 못하고 있는가?

잔세스칸스Zaanse Schans 입성

풍차 마을
잔세스칸스

헤라클레스 풍차 모습이 안쓰러워 강가에 좀 더 머무르고 싶으나 너무 늦기 전에 풍차 군단 본거지를 공략하여야 한다는 조바심에 주섬주섬 무기를 챙긴다. 가방을 둘러메고 강둑을 오르려다 보니 주위가 어지럽다. 내딛으려던 발길을 멈추고 여기저기 널브러진 갈대들을 다독거려 일으켜 세운다. 연달아 출몰한 적병들과 대적하느라 허둥대는 통에 대책 없이 밟혀 뭉개진 풀꽃들도 미안한 마음으로 쓰다듬는다. 손길 닿는 대로 어느 정도 뒷정리를 하고서야 일어섰다. 겁먹은 듯 엎드려 숨죽이고 있는 로시난테를 깨워 천천히 좁은 강둑길을 되짚어 나오며 헤라클레스 풍차와 넙데데 네모 얼굴 간판에도 손 흔들어 작별한다. 곧 삼거리에 이르러 우회전한 다음 10분쯤 더 나아가니 드디어 수괴 풍차들이 둥지 틀고 있는 풍차 마을이 등장한다.

잔 세 스 칸 스 !

돌아 돌아 헤매며 찾아왔지만, 지도상으로는 암스테르담에서 불과 15㎞ 남짓 떨어진 가까운 곳이다. 400여 년 전, 제분업자의 아들로 태어난 화가 렘브란트가 이곳에 살았던 때에는 풍차 동력을 이용한 자동 톱 개발에 힘입어 제재업이 번성했던 세계 최초의 산업 기지이기도 하였다. 이를 증명이라도 하듯 오랜 풍상의 흔적이 역력한 낡은 목조 건물이 아직도 많이 보인다. 17~19세기 당시의 공장 건물을 원형대로 유지하고 있는 나무집들에는 해수면 아래 저지대를 개발한 역사와 풍차에 관한 자료들이 전시되어 있다. 마을 초입 우편에 서 있는 박물관에는 이 지역 역사와 채색 가구 등 토산물들이 전시되어 있고, 초콜릿이며 비스킷에 관한 자료들도 소개되어 있다.

오래전부터 네덜란드 사람들은 바람의 힘을 이용한 풍차로 물을 퍼내고 나무도 자르고 기름도 짜고 하여 왔다. 이 중에서도 특히 저지대의 물을 퍼내는 일이 중요하였는데, 그럴 수밖에 없는 것이 이곳은 해수면보다 203㎝나 낮은 땅이다. 이들은 물투성이 환경에서 생활하기 위해서 끊임없이 물과 씨름해야만 했었다. 물론 바람이 있어야 풍차가 돌아가는 거지만 물이 많은 저지대라면 당연히 지형은 편편할 것이고 그래서 바람 또한 잘 통하기 마련일 터이다. 세월 흐름에 따라 실생활에서 가동되던 풍차가 증기 기관의 발달과 산업 혁명의 여파로 급격히 사라져 갔으나 이곳에 4기의 풍차가 보존용으로 남아 옛일을 말해주고 있다.

또 자잘한 이야기들

풍차 마을에 들어서면서 로시난테를 세워 놓을 적당한 공간이 있나 두리번거렸다. 그러나 생각 외로 깔끔하게 정돈된 도로변은 비집고 들어설 틈 없이 단정하다. 파리에서 대충 끼어드는 주차에 익숙한 나도 하는 수 없이 앞선 차들을 얌전히 따라갈 수밖에 없었는데, 그리 오래 살필 겨를도 없이 모두들 자연스럽게 유료 주차장으로 이끌려 들어가도록 유도된다. 짐작건대 주차 수입을 생각하여 지역 당국에서 도로를 그렇게 설계한 게 아닌가 하는 생각이 들 정도였다. 한적한 시골이라 장거리로 이어지는 대중교통은 그리

발달하지 않은 듯 보인다. 그렇다면 관광객 대부분은 자가용이나 관광버스를 이용할 것이고 그들이 이 주차장을 이용함으로써 거두어들이는 주차 수입도 수월찮을 거라 여겨졌다.

이처럼 또 자잘한 생각을 하는 사이 로시난테는 주차장에 다다라 요금 안내판 앞에 섰다. 30분 미만 1유로. 30분 이상 7유로. 초면 인사치고는 간단명료하다. 제법 넓은 마을이라 뛰면서 대충 둘러보더라도 30분은 더 걸릴 것으로 보였는데 30분 기준은 또 무언가. 증명사진도 찍어야 할 거고 유람선도 타야 할 터인데 어떻게 30분 안에 주차장으로 되돌아올 수 있겠는가 말이다. 그러니 '30분 이내 1유로'는 차라리 쓰지나 말지 하였다. 그러나 오래지 않아 내 짐작이 틀렸음을 자각한다. 본격적으로 풍차 마을에 들어서는 지점에서는 별도로 입장료를 받지 않는 것으로 보아 주차료가 입장료를 대신하는 모양이구나 싶었기 때문이다. 그러니까 풍차 마을을 둘러보는 입장료는 따로 없다.

어쨌든 나는 CD[Corp Diplomat](외교단) 차량답게 하얀 주차선 사이 정 중앙에 로시난테를 반듯하게 모셔놓고 본격적인 출격 준비를 한다. 트렁크를 열고 전투 장비들을 챙긴다. 이미 몇 차례 훈련한 대로 카메라는 기관총처럼 목에다 걸고, 렌즈들을 담은 가방은 방독면 걸치듯 오른쪽 어깨에서 왼쪽 허리춤으로 내려가게 비껴 메고, 삼각대는 정글 칼인 양 왼손에 움켜쥐었다. 오른손은 늘 비워두어야 한다. 적군이 나타나면 최대한 신속하게 셔터를 눌러야 하기 때문이다. 드디어 군장 꾸리기를 마치고는 리모컨을 눌러 로시난테의 옆구리를 철커덕 채운 후 보무도 당당하게 본격적인 풍차 군단 공략에 나선다.

사진 판매대,
그리고 도촬

풍차 마을 초입에는 유명 관광지에서 더러 볼 수 있는 사진 판매대가 대문짝처럼 두 개나 세워져 있었다. 보통은 그리 크지 않은 규모에 이동식인 데 비해 여기에는 커다란 담벼락이 되어 붙박이로 서 있다. 그만큼 장사가 된다는 얘기인 모양이다. 관광객들이 풍차를 배경으로 걷거나 유람선에서 내리는 모습 등을 무작위로 촬영해 펼쳐 놓은 사진 판매대에는 많은 사람들이 활짝 웃으며 저마다 재미난 표정을

풍차 마을 초입 사진 판매대

하고 있다. 모두가 밝고 즐거워 보인다. 전문 사진사가 괜찮은 카메라로 당사자 모르게 담았으니 당연히 구도도 멋지고 표정들이 자연스럽다. 촬영을 의식하고 카메라 앞에 서면 아무리 김치에 치즈를 겹쳐 물어도 그렇게 살아있는 표현은 되지 않는다.

그래서 제법 잘 사갈 뿐 아니라 본인 동의 없이 찍은 도촬 사진인 줄 알면서도 초상권 운운하는 시비 소리는 들리지 않는다. 오히려 자신들의 자연스러운 몸짓이나 표정이 포착된 모습에 재미있어한다. 큰마음 먹고 나들이한 사람들일수록 유명 관광지 방문 기념 또는 증명으로 그런 사진을 한 장쯤 갖고 싶어 하기 마련인데, 사진사들은 이러한 관광객들의 심리를 적절히 잘 이용하는 것 같다. 어쩌면 내 사진을 내가 사가지 않으면 혹여 좋지 않게 이용될 수 있을지도 모를 일이니 이왕 찍힌 거 기념 삼아 사 주자 하는 마음이 들게끔 은근히 협박하고 있는지도 모른다. 가격은 한 장에 3유로(약 5천 원)로 결코 싼 편이 아니나 다들 잘 사 간다. 하기야 파리에서는 훨씬 더 비싸다. 에펠탑 아래 세느 강변에서는 탑을 배경으로 한 판 박아 놓고 거금 10유로를 뺏어 간다.

그런데 한 가지 부러운 것이 있다. 이 사진사들은 이처럼 허가 낸 도둑 촬영을 하다가 때에 따라서는 아주 멋진 작품을 건질 수 있는 부수입도 있겠다 싶어서다. 사실 남의 얼굴을 대놓고 찍기는 어렵다. 상대방 모르게 찍는 사진은 당연히 도촬이고, 그런 만큼 무턱대고 카메라를 들이대었다가는 언제 경찰서로 끌려가게 될지도 모를 일이다. 그래서 아주 멋진 장면을 포착하더라도 그 자연스러운 순간을 쉽게 담아내기는 어렵다. 상대방에게 찍어도 좋은지 물어보고 어쩌고 하는 사이 이미 그 표정은 사라져 버리기 마련이기 때문이다. 그런데 이 관광지 찍사들은 아예 대놓고 도촬을 일삼지 않는가. 퇴근길에 에펠탑 아래 앉아 있다 보면 그야말로 각양각색의 사람들의 갖가지 모습과 표정을 만날 수 있지만, 마음대로 셔터를 누를 수 없음이 아쉬울 때가 많다.

에펠탑 사진 판매대 – 세느 강변

나막신, 사보타주 또는 죽마

나막신

만화경처럼 펼쳐지는 사진 판매대의 재미난 표정들을 공짜로 감상해 가며 몇 걸음 더 들어서니 아담한 나막신 박물관이 수줍은 듯 마중한다. 보트로 써도 될 만큼 큼직한 모형 나막신을 수문장처럼 앞마당에 세워 놓고 있다. 샛노란 저고리에 빨간 옷고름을 매고 앞장선 수문장 나막신 뒤로는 알록달록 때때옷을 입고 예쁜 화분이 되어 벽에 매달려 있는 멋쟁이 나막신들이 여기저기 눈에 뜨인다. 나막신 만드는 작업은 1780년대 초반 서부 잔 지방에서 곡물이나 코담배 보관 창고 안에서 이루어지곤 하다가 1984년 박물관 겸 공장으로 세워진 이곳에 재배치되었다 한다. 여기서 나막

나막신 박물관 수문장

신 만들기 무료 시범이 매일 선보이고, 관광객들은 나막신이나 열쇠고리용 모형 나막신을 기념품으로 즐겨 사가곤 한다.

네덜란드 말로 클롬펀Klompen이라 불리는 나막신의 주재료는 포플러나무이다. 포플러는 수분이 많고 재질이 연해 보이나 건조된 후에는 단단하고 가벼워지는 특성이 있기에 나막신 재료로 최상이라 한다. 너도밤나무나 호두나무를 말린 뒤 속을 파내어 만들기도 하지만 비교적 무거운 것이 흠이다. 러시아에서는 카후루나 카후시, 쮸빈, 다마스쿠스에서는 카카보 또는 보카라로 부르는 나막신은 고대 로마 시대에 하층민들이 주로 신었었고, 이후 유럽 전역에서 사용되기도 했는데, 그중에서도 프랑스나 네덜란드에서 농민들에 의해 애용되었다. 특히 네덜란드는 습기 높은 저지대가 많은 나라인 탓에 자연스레 사랑받게 된 생활 발명품이 아닌가 한다.

역시 환경이 필요를 잉태하고 필요가 발명을 낳는 법이라 하겠는데, 멋 내기 신발 뾰족구두의 탄생도 그렇지 아니한가. 17세기 유럽 도시의 거리는 아침마다 독특한 향내가 피어오르는 통에 코뿐만 아니라 발도 많이 괴로웠다 한다. 하수도 시설이 갖춰지지 않았던 때라 실내 화장실이 따로 없었던 탓에 밤사이 생성된 인분이 야음을 틈타 창밖으로 축출된 때문이었다. 이러한 향기 폭탄을 효과적으로 피하며 걷을 수 있도록 하이힐이 탄생하였다 하지 않는가. 그리고 피할 수 없으면 즐기라 하였던 때문인지, 이 시기의 프랑스 임금님들은 배변 거사를 신성시하여 손님을 변기에 앉아 맞이하기도 하였단다. 요즈음 일부 정치인들이 사교활동이랍시고 행하는 목욕탕 알몸 미팅 정도는 그야말로 족탈불급足脫不及이다.

향수의 발명도 이와 무관하지 않고, 의복 또한 기후 환경에 따라 발명되고 진화하였다. 더운 지역에서는 몸에 천을 두르는 형태로 옷을 해 입었고 추운 지방에서는 바느질로 천을

나막신 공방

꿰매어 몸에 밀착시키는 모양으로 의복이 발달하였다고 프랑스의 인류 사회학자 마르셀 모스는 정리한다. 그리고 꿰매어 입는 형태의 의복 덕에 단추라는 녀석이 태어났으며, 이 바람에 단추는 인류 최초의 발명품이라는 멋진 타이틀을 차지하게 되었다. 단추 구멍을 통해 새로운 세상의 문이 열린 거다. 작은 눈을 두고 '단추 구멍' 같다 놀릴 일이 아니다.

신발은 거친 땅으로부터 발을 보호하기 위한 수단으로 고안된 발명품이다. 인류 최초의 신발은 종려나무 섬유나 파피루스 잎 등을 꼬아 만든 샌들로 알려졌고, 이들은 기원전 3,300년경 이집트 유물에서 발견된다. 이 섬유질 신발이 좀 더 오래 견딜 수 있는 나무 신으로, 그리고 가죽이나 천, 고무 또는 플라스틱 등 다양한 소재의 신발로 점차 발전해왔다. 우리는 나막신, 목격(지), 목리木履 또는 목혜木鞋라 부르는데 충남 아산 갈매리와 경북경산 임당 고분군에서 출토된 4세기경 판자형 나막신이 우리에게는 가장 오래된 것으로 기록되어 있다. 예전에는 여인네들이 주로 비 오는 날 진 땅에서 신었으며, 아이들의 나막신은 알록달록 예쁘게 채색하여 사용되었다 한다.

사보[Sabot], 그리고 사보타주[Sabotage]

프랑스어로 '사보'라 불리는 나막신이 새로운 용어를 만들어 내기도 하였다. 중세 유럽에서 농민들이 영주의 부당한 처우에 항의하여 나막신 신은 발로 수확물을 밟으며 시위하였다. 그리고 산업 혁명 초기 노동자들은 산업 기계가 도입되면 자신들의 일자리가 위협받을 것이 걱정되어 신고 있던 사보를 톱니바퀴나 벨트 사이에 끼워서 기계를 멈추게 하는 등으로 태업을 단행하기도 하였는데, 여기서 유래된 말이 태업의 의미로 쓰이는 '사보타주'이다.

이는 노무 제공을 전면적으로 거부하는 파업과는 달리 형식상으로는 노동을 계속하면서도 교묘한 방법으로 작업 능률을 저하하는 행위를 말한다. 요즈음도 가끔 농민들이 과일이나 감자 등 수확물을 발로 밟거나 트럭으로 밀어버리는 경우가 있으니 사보만 신지 않았을 뿐 현대식 사보타주 행위이다. 우체부들이 우편물을 자전거와 같은 탈것 없이 걸어서 느릿느릿 배달하는 거북이 근무도 이에 속한다. 현대로 넘어와서는 사보타주가 군사 외교적 용어로도 쓰이는데 자국과 이해가 상충하거나 자국 이익에 반하는 사안에 대해 기술적으로 방해 공작을 펴는 것을 말한다. 발 없는 말이 아니라 발 없는 나막신이 천리만리 퍼지게 된 거다.

사보타주 얘기를 하다 보니 이 시대 마지막 휴머니스트 돈키호테는 이와 얽힌 슬픈 이야기 하나를 떠올리지 않을 수가 없다. 깡마른 유대인 소년의 이야기이다. 유대인 학살이라는 천인공노할 범죄가 자행되던 아우슈비츠 수용소에서 어느 이름 모를 유대인 소년이 사보타주 혐의로 처형된다. 그 어린 소년은 군인들에 의해 우악스럽게 교수대에 올려졌지만, 몸이 너무 가벼웠던 탓에 한참이나 허공에 대롱대롱 매달려 있

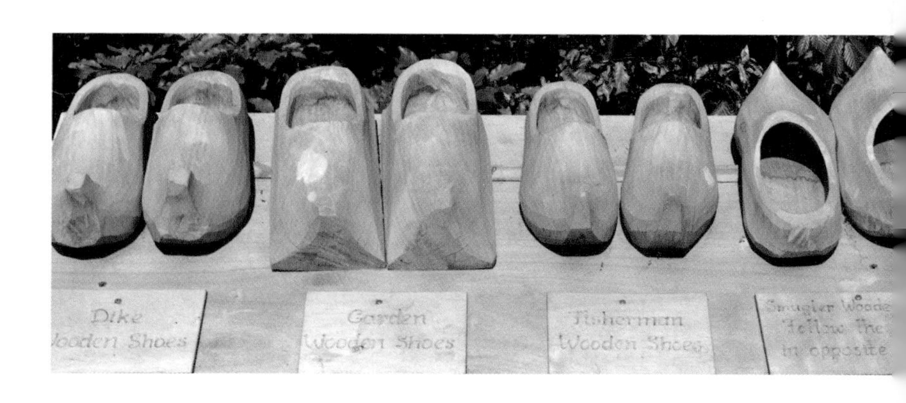

기만 했다. 딛고 올라선 발판이 덜커덩 아래로 떨어지면 목을 감은 오랏줄이 조여와 그대로 숨통이 막혀야 하는 건데 소년의 몸은 짚단처럼 가벼웠던 탓에 반시간 이상이나 밧줄에 메달려 서서히 질식되어 가야만 했다. 그리고 그 처참한 광경은 수용소의 동료 유대인들이 강제로 지켜보아야 했다고……. 엘리 비젤Elie Wiesel의 《밤La Nuit》에 묘사된 소년의 처형 장면이다.

하지만 여기 잔세스칸스의 나막신 모습에서는 톱니바퀴라던가 태업, 사보타주, 처형 등의 무시무시한 이미지는 읽을 수 없다. 그냥 멋진 예술품으로 마당에 곱게 누운 조형물이 되고 벽에 걸려 예쁜 화분 노릇을 하고 있다. 또한 휴대 전화나 열쇠고리로 변신하기도 하여 장식품으로 기념품으로 달랑달랑 귀엽게 재롱부린다. 그래서 잔세스칸스의 나막신, 클롬펀은 신고만 있어도 강강술래 닮은 네덜란드의 전통춤 포크 댄스가 저절로 추어질 것만 같다.

어릴 적 일본식 게다를 발끝에 걸고 어정거려본 기억이 어렴풋이 떠오른다. 게다는 발 크기 정도로 자른 송판 바닥 앞뒤에 ㅠ 자 모양으로 굽을 대어 만드는데 통나무를 알맞게 파서 만드는 방식과는 또 다른 나막신의 일종이다. 발가락 사이에 끼는 끈 형태로 발걸이를 할 때는 널빤지 앞부분 중앙, 그리고 중간 부분 좌우에 적당히 구멍을 내고 헝겊으로 꼬아 만든 끈이나 새끼 등을 연결한다. 발등을 덮는 발걸이는 두꺼운 헝겊이나 가죽 조각을 구해 잔못으로 고정하면 되었다. 게다를 끌 때는 따그닥 따그닥 소리가 나서 심심치 않았던 기억이 난다. 주로 비 오는 날 신어 보곤 한 기억이지만 빗물을 피하려는 목적보다도 키가 껑충 커 보이는 탓에, 말하자면 키높이 구두 신는 기분으로 발에 걸고 우쭐거렸던 것 같다.

죽마고우

나막신 박물관을 둘러보고 문을 나서는데 까르르 유쾌한 웃음소리가 울려 퍼진다. 고개를 들어보니 바로 앞 공터에서 관광객들이 뒤뚱뒤뚱 죽마(죽적) 타기를 시도하며 즐거워하고 있었다. 너무도 친숙한 광경이어서 반갑다. 내 어린 시절에도 이와 같은 죽마 타기를 하며 놀았던 기억이 불현듯 떠올라서다. 도대체 지구 반대쪽 낯선 시골에서 아주 오래전 내 어릴 적 고향 모습을 떠올리게 되다니 신기하다.

상품화된 놀이 기구라곤 거의 없던 시절이어서 막대기나 굴렁쇠, 수수깡 등 생활 주변의 여러 가지 자연 소재를 장난감 삼아서 놀던 때였다.

이와 비슷한 놀이로 농기구인 삽을 딛고 폴짝폴짝 뛰던 기억도 있다. 하지만 가끔 길바닥의 돌멩이와 부딪치는 쇳소리가 가져다주는 충격 때문에 곧 흥미가 없어졌었다. 그리고 마당이 패인 다거나 삽날이 망가진다고 어른들이 혼내곤 했기 때문에 별로 즐거웠던 기억은 없다. 80년대에 들어서서는

죽마 놀이

스카이 콩콩이라는 신무기가 등장해 골목마다 콩닥콩닥거린 적도 있지만, 그때는 이미 나는 그런 장난감을 가지고 놀 군번이 아니었다. 그리고 도시 아이들만 열광하는 물건이었지 시골에서는 본 기억이 없고, 설령 나 어릴 적에 그런 게 있었다 하더라도 별로 낭만적인 추억은 선사하지는 못했을 듯하다. 잠시간 유행하다가 사라져 버린 것만 보아도 그렇다. 하지만 죽마는 아직도 눈만 감으면 여전히 가슴 한구석에서 뒤뚱거리고 있고, 아주 오랜 세월이 흘러도 그 친근감은 쉽게 사라지지 않을 것 같다.

죽마는 키보다 약간 높은 장대를 두 개 준비하고 대강 서너 뼘 높이 정도의 아랫부분에 송판이나 나무토막을 새끼로 단단히 묶거나 못을 박아 발판을 만든다. 나이가 한두 살 많거나 좀 더 용감한 친구들의 것은 발판 높이가 조금 더 올라가기도 하였다. 발판이 완성되면 그 위에 두 발을 딛고 올라서서 겅중겅중 서커스단의 피에로처럼 걷는다. 동무들과 편을 갈라 빨리 달리기 시합도 하곤 하는데, 때로는 일부러 몸을 부딪쳐 상대를 넘어뜨리기도 한다. 그렇게 넘어져 가면서도 깔깔대며 재미있어했던 어릴 적 추억이 주마등처럼 스친다.

이러한 죽마 놀이는 아이들에게 씩씩한 기상을 북돋워 준다. 재미날 뿐만 아니라 실제로 말 타고 달리는 것 같은 기분을 느끼게 하여 주기 때문이다. 어린 마음에 어른처럼 커 보이고 싶다거나 말 탄 장수처럼 멋져 보이고 싶은 욕망에 나도 무척이나 좋아한 놀이었다. 이러한 놀이를 하며 자란 어릴 적 동무를 우리는 죽마고우라 하지 않던가. 우리에게도 나막신이 있었고 죽마 놀이도 있었다 생각하니 이역만리 서양 마을 잔세스칸스가 내 고향 동네인 듯 포근하게 느껴진다.

드디어 풍차 군단과 맞닥트리다

할아버지 풍차의 내력

나막신과 죽마 놀이를 바라보며 아득한 옛 시절로 달려가 추억에 젖다가 드디어 풍차들이 웅크리고 있는 마을로 들어섰다. 첫인상이 깔끔하고 예쁘다. 곱게 다듬어진 마을 초입에는 지금도 가동되는 치즈 공장이 서 있고, 전통 의상을 차려입은 일꾼들이 작업을 거들며 오가는 모습이 평화롭다. 삽시에 동화 속 마을에 묻혀 버린 느낌이다. 갑자기 곱게 단장하고 나타난 마을 모습에 취한 듯 몽롱해진 돈 킴호테는 앙증맞은 무지개다리 난간에 기대어 한참이나 서 있었다. 눈앞에 펼쳐진 멋진 풍경은 보이는 그대로 한 폭 아름다운 그림이다.

풍차 마을 초입 풍경과 치즈 공장

실개천을 가볍게 넘어서니 느릿하게 네 팔을 휘적이고 있는 풍차들이 눈에 들어온다. 처음 대하는 모습들임에도 오래전부터 보아온 것처럼 낯설지 않다. 그런데 지금껏 혼자서 그려 보던 풍차 모습과는 다른 모양도 관찰되어 고개를 갸우뚱한다. 풍차를 떠올릴 때 대개는 뭉툭한 원뿔 모양 몸체 윗부분에 널찍한 네 날개를 매달고 벌판에 서 있는 모습이 그려지곤 했었다. 그러나 실제로 마주하고 보니 날개 모양은 그대로이나 몸통은 지붕 위에 올라앉은 모습이다. 그동안 내가 사진이나 그림을 잘못 보아 왔나 싶기도 하였는데, 큰 덩치로 지붕을 딛고 선 모양이 우스꽝스럽기도 하고 육중한 풍차 몸체를 묵묵히 떠받치고 있는 낡은 목조 건물이 안쓰럽게 여겨지기도 한다.

별난 녀석이 파리로부터 쳐들어온다 하니 모두들 피신이라도 한 걸까? 저마다 지붕 위에 올라가 있거나, 어떤 녀석은 지붕을 타고 언덕 아래로 내려가 강바닥에 엎드려 있다. 좌초한 범선을 연상케도 하는 모습이 이미 전의를 상실했음이 분명해 보인다. 아무튼, 형님 호테 돈키호테가 2레구아(1레구아는 5,572m)나 되는 팔 길이를 가진 거인이라고 불렀던 바로 그 적병들이 틀림없어 보였는데, 카메라를 창처럼 꼬나 들자 겁을 먹은 듯 할아버지 풍차가 자진하여 풍차 군단의 내력을 실토한다.

풍차의 흔적은 기원전 7세기 페르시아 제국에서부터 찾을 수 있다 한다. 이곳 네덜란드에 특히 많았던 유럽식 풍차는 11세기 무렵부터 만들어지기 시작했고, 중국에서도 13세기경 지어진 것으로 추정되는 풍차들을 발견할 수 있단다. 네덜란드의 유럽식 풍차는 18세기까지만 해도 800여 기에 이르렀으나 19세기 이후 증기 기관이 등장함에 따라 빠르게 사라져 가야 했으며, 현대화된 개량 풍차는 친환경을 기치로 더욱 늘

어나는 추세라 덧붙인다. 하지만 아직도 물을 퍼 올리거나 동력을 만들어 내는 데 쓰이는 할아버지 풍차들이 존재하며 상당수가 옛 모습대로 잘 보존되어 있다 한다.

풍차는 크게 수직축 풍차와 수평축 풍차로 나뉘며, 이곳 네덜란드식 풍차는 동그라미 풍차 헤라클레스와 함께 대부분 수평축 풍차에 속한다며 묻지 않은 답까지 보탠다. 그리고 수평축 풍차는 점차 진화하여 프로펠러형 중에서도 날개가 셋, 둘, 또는 하나 달린 모양도 생겨났단다. 수직축 풍차는 바람 부는 방향에 따라 그때그때 몸통이 돌아가게 되므로 사막이나 평원에 설치할 수 있는 장점이 있으나 수평축 풍차보다 효

율이 떨어지는 단점이 있다며 은근히 네덜란드식 수평 풍차 집안 혈통의 우월성을 자랑한다.

네덜란드 풍차 집안 이야기

풍차는 바람에 의해 날개가 돌아가는 방앗간 정도로만 인식했던 터였는데, 대강이나마 설명을 듣고 보니 상당히 과학적인 존재로 여겨진다. 내친김에 네덜란드 풍차의 집안 얘기를 좀 더 듣고자 하지만 주름살투성이 할아버지 풍차가 힘겨워 하는 듯하다. 조언을 구할 산초 판사도 옆에 없는 터이기에 이 동네를 소개하고 있는 잔세스칸스 홈페이지

제재 풍차 De Gekroonde Poelenburg

(http://www.zaanseschans.nl/)를 들춰보기로 했다. 여기에 소개된 내용을 간략히 요약하고 작은 사진 두 세컷도 살짝 빌려 본다. 형님 호테 돈키호테와 달리 돈킴호테는 그래도 정보화 능력까지 갖춘 세련된 편력 기사가 아닌가.

먼저 목재를 켜는 용도로 쓰인 제재용 풍차부터 살핀다. 이 녀석들은 바람 방향에 따라 기계를 포함한 몸통 전체가 방향을 바꾸는 수직축 풍차의 일종으로, 일반적인 풍차와는 돌아가는 원리가 많이 다르다. 그러니까 이 친구는 네 면의 마루 중 삼면은 열어놓고 한쪽 면은 막아 바람이 불어오는 쪽으로 몸통이 회전하게 되어 있다. 여기서 얻은 동력으로 톱을 가동한다. 보통의 풍차가 기계들은 하부로 내려가 고정되고 날개 달린 머리 부분만 풍향 따라 회전하며 날개를 돌리는 것과 사뭇 다르다. 이런 형태의 몸통 회전식 풍차는 잔 지역에 200여 기 있었으나 암스테르담 - 알크마르 간 철도 부설 공사 과정에서 사라져 갔다. 그 후 1869년 코흐 안[koog aan] 지역에 다시 지어졌었고, 1904년 잔담으로 옮겨 왔으나 1963년에 불타버린 것을 현 위치에 재복원하였다. 존함은 더 헤크론더 풀렌뷔르흐[De Gekroonde Poelenburg]다.

염료 풍차 De Kat

그리고 물감용 염료를 빻는 풍차가 있다. 고양이[De kat]라 불리는 친구인데 1646년에서 1696년에 주로 건설되었다. 1782년에 화재로 소실되어 다시 지어졌으나 1900년대에 상판이 부서진 것을 1960년 5월에 팔각의 풍차로 재건된 뒤 오늘날 유일한 염료용 풍차로 위치를 굳히고 있다.

다음은 기름 풍차. 1672년 잔데이크[Zaandijk]의 웨스트 지터버드에서 태어났는데 1891년에 염료풍차로 개조되었다가 10년 후 다시 기름 풍차로 되돌아왔다. 그러다 수명이 다한 것을 1950년대 초 잔데이크 시에서 매입 수리하여 1958년부터 다시 전통식 방식으로 기름을 짜내고 있단다. 알록달록 눈의 즐거움보다는 고소한 코의 감각이 더 그리웠나 보다. 체중이 18톤이나 나가는 이 친구는 1968년에 현 위치로 이사와 열심히 고소한 냄새를 풍기고 있다. 이사를 위해 거구를 움직일 당시 기차며 보트가 기름 짜듯 진땀을 흘렸단다. 존함은 더 주커르이며, 1693년 태어나 벼락을 맞아 불타기도 하고, 여러 번 화마를 입었지만 1973년부터 5년간에 걸쳐 재정비되어 다시 현역으로 뛸 태세를 갖추고 있는 더 본터 헨De Bonte Hen이라는 분도 계신다.

기름 풍차 De Zoeker

기름 풍차 De Bonte Hen

손 풍차
팔랑개비

느릿하게 삐걱대는 풍차들을 향해 셔터를 누르려다 말고 한 개피 담배를 빼어 문다. 그림이나 사진에서 보아 왔지 실제로는 처음 대하는 풍차인데도 왠지 친숙하다는 생각이 아까부터 졸졸 따라오고 있어서다. 뭐지? 아무래도 낯설지가 않다. 어디서 우리가 만났었지? 무언가 잡힐 듯 떠오르다가도 이내 사라지곤 한다. 무언가에 홀리기라도 한 듯 혼란스러워하며 도대체 무엇이 집요하게 내 기억 뜨락을 서성이고 있는지 잡으려 애써 보지만, 여전히 정체 모를 형상만 환영처럼 펄렁일 뿐이다.

모르겠다. 이제 사진이나 찍어야지 하고 자세를 가다듬는데 눈을 들이댄 뷰파인더에도 또다시 무언가 어른거리기에 미간을 모은다. 카메라에서 눈을 떼고 라이터를 꺼냈다. 마치 그 아른거림의 단서가 거기에 있기라도 한 듯 부싯돌 휠Flint Wheel을 반복해서 눌러댔다. 엄지에 힘을 줄 때마다 프륵 소리와 함께 솟는 불꽃 속에서 거대한 풍차 날개가 피어오른다. 그리고 손가락의 힘을 빼면 불꽃따라 일렁이던 풍차는 급격히 쪼그라들곤 한다. 그러기를 거듭하더니 아주 자그맣게 변하여 슬그머니 손바닥에 내려앉는다. 그제야 무엇이 나의 발걸음을 멈추게 했는지 짐작이 갔다.

그래! 그거야. 팔랑(바람)개비! 빠르게 쪼그라든 할아버지 풍차가 애벌레 풍차인 양 자그마한 팔랑개비가 되어 손바닥에 올려지고, 나는 단숨에 어릴 적 뛰놀던 고향 들판을 향해 달음박질한다. 내가 자란 고향 땅에는 큼지막한 날개를 가진 풍차는 처음부터 없었다. 그러나 동네 아이들의 조막손에는 색종이 네 귀퉁이를 자르고 접어 만들어 이 할아버지 풍차를 빼닮은 팔랑개비가 들려 이 골목 저 골목에서 팔랑팔랑 돌아가고 있었다.

팔랑개비, 그리고 물레방아 추억

정사각형 색종이를 귀퉁이마다 대각선으로 반쯤 가위질하고, 귀 끝들을 중앙점으로 끌어당겨 접은 터라 할아버지 풍차처럼 네 날개를 지녔었다. 색종이는 대개 미술 시간에 쓰다 남긴 것이었다. 물자가 귀하던 때라 팔랑개비를 만들 목적으로 색종이를 사지는 않았었고, 미술 시간에 저고리나 바지, 학 모양을 접거나 동글동글 종이 사슬을 만들거나 하고 남은 종이로 팔랑개비를 만들곤 했었다. 빳빳한 도화지도 괜찮지만, 도화지는 귀하기도 하고 그냥 하얗기만 해서 색종이만큼 예쁘지가 않았다.

그렇게 만들어진 팔랑개비는 하굣길에 멋진 길동무가 되어 주기도 했었지. 책과 공책, 필통에 도시락통까지 얹어 둘둘 말은 책보를 깡마른 등짝에 대각선으로 동여매고 팔을 쭈욱 뻗으며 달리면 팔랑개비는 파르르 떨며 신바람 나게 돌아주곤 했었다. 팔이 아프면 입으로 물고 턱을 쭈욱 내밀며 달리기도 했다. 덕분에 달리기 연습도 되고 집에 빨리 가게도 해주었다. 팔랑개비가 멈추지 않도록, 삽짝을 밀치고 들어서기 무섭게 책보를 툇마루에 내동댕이치고 그대로 뛰쳐나와 골목길을 휘저으며 돌아다니기도 하였다. 그러다 지치면 삽짝 문귀퉁이나 초가지붕 처마 틈에 꽂아 놓으면 바람 불 때마다 혼자서도 팔랑팔랑 돌아가 주곤 했었지. 달리면서 팔랑개비를 돌릴 때는 몸체가 늘 한 방향이니까 대부분의 네덜란드 풍차처럼 수평축 풍차이지만, 선체로 팔랑개비를 들고 있을라치면 불어오는 바람 방향에 따라 내 몸을 돌려야 했으니까 수직축 풍차가 되었던 셈이다.

풍차 대신에 물줄기 힘으로 돌아가는 물차, 물레방아도 내 고향 마을 어귀 학교 가는 길목에 있었다. 홈통 가득 물을 담았다 쏟았다 하며 덜컹덜컹 돌아가는 이끼 낀 커다란 바퀴를 턱 괴고 쪼그려 앉아 한나절 내내 바라보기도 하고, 동무들과 우루루 방앗간으로 몰려가 술래잡기, 제기차기하며 뛰어놀던 추억이 있다. 통통통 발동기로 돌아가는 정미소가 등장하는 바람에 일손을 놓아버린 뒤로도 물레방아는 추억을 선사했었다. 쇠다마라고 불렀던 단단하고 멋진 쇠구슬이 나타나 왕창 폼을 잡던 때가 그즈음이었는데, 그 신기한 물건이 물레방앗간에서 나왔다고들 하였다. 장난꾸러기 동무 몇 녀석이 멈춰선 방앗간에 몰래 들어가 기계들의 받침축인 베어링을 빼내 왔던 것이다. 그리고 무슨 일인지 동네 큰 형과 누나들이 가끔 그 물레방앗간에 들어가 머리에 짚북데기를 뒤집어쓰고 나오기도 한다는 얘기를 듣고 괜히 낄낄대기도 했었다.

이러한 어릴 적 추억 때문인지 유럽 먼 나라의 풍경이요, 처음 보는 풍차이지만 낯설지 않게 다가온다. 풍차가 팔랑개비의 할배이고 물레방아의 아재비인 듯 느껴진다. 내가 태어나고 자란 땅덩이와는 반대쪽에 위치한 먼 유럽 나라 시골 마을에서 나막신과 죽마 타기뿐만 아니라 물레방앗간이며 팔랑개비 돌리며 놀던 어린 시절을 회상하게 되다니 신기할 따름이다. 시공을 뛰어넘은 추억의 강에 풍덩 빠져 나도 모르게 뜨거워진 가슴 한복판에서는 내 고향 물레방아의 둥그런 바퀴와 이곳의 풍차 날개가 겹쳐져 덜컹덜컹 돌아가고 있었다. 나막신과 죽마와 풍차와 팔랑개비와 물레방아가 함께 어우러져 춤추며 아득한 옛 추억의 순간들을 쉼 없이 퍼 올리고 있다. 묘한 일이었다.

풍차 졸개들 후려잡기

멈춘 마을

오솔길의 시멘트 블럭이 텁텁한 옛 맛을 앗아간다 싶으나, 풍차와 어우러지는 마을 풍경은 순간순간 나를 꿈속 세상으로 데려다 놓곤 한다. 여기서는 시간도 갈 길을 잃는 모양이다. 바깥세상은 하얗게 잊은 듯 풍차마을은 따사로운 햇살 맞으며 꾸벅이다 태엽 풀려버린 시계마냥 멈춰 서 있다. 주민들이 이따금씩 자전거나 말을 타고 오솔길을 오갈 뿐 아무도 바삐 서두는 이 없다. 고요하고 편안한 기운 탓에 풍차 군단을 단숨에 무찌르리라던 돈키호테는 본연의 임무를 잊고 덩달아 어슬렁 걸음이 된다. 이 마을에서는 시계의 구조도 분명 다를 것 같다는 생각마저 하게 된다. 나의 엉뚱한 상상대로라면 오전에 한 시간, 오후에 한 시간, 그리고 밤에 한 시간, 하루에 세 시간 정도만 흐르는 '멈춘 마을'인가 한다.

들새들의 지저귐이 바람결을 타고 경쾌하게 울려 퍼진다. 느린 걸음마저 멈추고 눈을 감는다. 전원 교향곡. 알레그로 마논 트로포 사장조. 상큼한 태양과 살랑대는 미풍이 귀 끝을 간질이는 여름날 시골에 도착하였을 때의 유쾌한 감정을 그려낸 베토벤의 전원 교향곡 1악장을 떠올린다. 촐촐대는 물소리와 함께 내림 마장조 2악장이 이어진다. 여기가 바로 베토벤이 《시냇가에서》 악장을 떠올린 곳이라 말한 그 장소인가 한다. 우아한 교향악과 함께 흥겨운 가락도 들려온다. 운하를 팔베개하고 있는 마을 어귀에서는 바람 따라 찰랑이는 강물이 이따금 삐걱대는 풍차 날갯소리에 맞추어 추임새를 넣는다. 바람의 강약에 따라 물결 소리가 점점 흥겨운 가락으로 자라더니 썰 소리 거문도 뱃노래가 된다.

'두리둥실 배 띄워라 달 밝은 밤에, 어기여차 노 저어라…'

이제 더욱 맛이 가버린 듯한 돈킴호테는 수시로 오래전 옛날과 현재를 오가며 흔들흔들 춤춘다.

현대의 정밀 기기인 디지털카메라를 목에 걸고 수백 년 낡은 목조 가옥 앞에 서 있는 지금이 우주선 나는 21세기인지 곤돌라 타고 꼰들거리던 16세기인지, 여기가 서양인지 동양인지, 내가 지금 살아있는 자가 아니라 정말 돈키호테로 변한 건 아닌지조차도 분간이 쉽지 않을 지경이다. 어쩌면 세르반테스의 돈키호테가 살았던 17세기 초반일지도 몰라. 그렇다면, 여기가 정말로 라 만차 들판이란 말인가? 정녕 그러하다면 조금 전 백마를 타고 지나간 그 긴 머리 아가씨는 틀림없이 돈키호테가 마음속 연인으로 삼았던 '알돈사 로렌소, 아니 둘시네아 델 토보소 공주님'이 틀림없을 거야. 그렇게 꿈꾸듯 시공을 넘나들다가도 가끔씩 푸드덕 날아오르는 장끼들의 날갯짓 소리에 놀라 현실로 돌아오곤 한다.

양, 오리, 그리고
말 혹은 자전거

바람이 선사하는 아름다운 자연의 음악 소리와 멈춘 마을이 던져준 신선한 그림에 취해 우두커니 서 있는데 긴 머리 미녀를 태운 백마가 발굽 소리를 하나, 둘 세듯 뚜벅이며 지나간다. 놀란 돈킴호테는 헤라클레스 풍차 들판을 휩쓸고 간 아마조네스 여전사 기마 군단의 일원일지도 모른다 하고 즉시로 당구공을 꼬나 든다. 이때다 싶어 뒷모습까지도 얼른 포획하였다.

그리고 돌아서는데 이 동네에서는 가장 발달한 기계 문명일 것 같은 자전거가 사르르 굴렁쇠 구르듯 다가온다. 그 자전거에도 그리고 연이어 나타난 또 다른 자전거에도 금발의 긴 머리 여인네가 앉아 있다. 이 또한 순간적으로 놓쳐버렸던 미녀 간첩들인지도 모르겠다 싶어 재빨리 렌즈를 겨눈다. 몸매고 머리카락이고 모두 늘씬늘씬 길다. 그리고 잘생겼다.

연이은 미녀들의 퍼레이드에 그만 정신 줄을 놓아버린 돈 킴호테는 입을 헤벌린 채 넋을 잃고 길가 풀 섶으로 비켜선다.

풍차를 노렸다가 말 탄 미녀를 훑다가, 그리고 자전거를 따라 붙였다 하는 등으로 허둥대다 풀썩거려진 발소리에 근처에서 풀 뜯던 양들이 멀뚱히 쳐다보며 웃는다. 사방이 고요하여 여기서는 풀 밟는 소리마저 울림이 된다. 들새들이 놀라 창공으로 날아오르고, 곱게 차려입은 오리들이 산책을 즐기다가 놀란 듯 아가들을 이끌고 첨벙첨벙 개울로 뛰어든다.

말, 자전거, 오리, 들새들까지도 모두가 헤라클레스 풍차 들판에서 만났던 적병들을 닮았다 싶으나, 어쩌면 용감한 편력 기사 돈키호테의 풍차 마을 입성을 대대적으로 환영하는 행진을 벌이고 있는 건지도 모르겠다 여긴다. 이제는 어느 것이 적병이고 어느 쪽이 응원단인지 모를 지경이 되어 버렸다.

평화다.

사호似虎 묘描 선생과의 신경전

헬로우 냐옹이Bonjour, Chat

동화 속 같은 마을 분위기에 취해 꿈결인 양 한참을 그렇게 어슬렁거리고 있었다. 눈 밝은 니코르 렌즈로 양 떼며 오리들을 어우르다 급히 자전거를 겨누기도 하다가 석양을 안고 뚜벅이는 백마를 따라 오리걸음으로 뒤뚱거려 보기도 한다. 그렇게 한껏 여유를 부리며 천천히 걸음을 옮기던 중이었다. 조금 전 지나쳐온 길가, 백마 탄 미녀가 지나갈 때 잠시 비켜섰던 풀 섶에서 무언가 푸석대는 소리가 난다. 무슨 일인가 하고 돌아보니 살찐 고양이 한 마리가 폴짝 뛰어 나와 어정대는 내 걸음을 흉내 내며 따라오고 있는 게 아닌가.

이런… 아이들 앞에서는 찬물도 못 마신다더니, 내가 엉덩이 씰룩이는 말 걸음을 잠깐 흉내 내어 보았는데, 이 친구가 풀 섶에 숨어 지켜보다가 그대로 본떠 뒤뚱거리며 따라 오는 것이다. 얼른 렌즈를 뒤로 돌려 겨누며 당돌한 그 녀석과 마주 선다. 묘[描] 선생은 장난질이 들켜버려 멋쩍은지 순간 멈칫한다. 그 찰나에 나는 초당 5매 연사 작동으로 잽싸게 몇 방 갈긴다. 그러고는 좋은 사진기라 자랑이라도 하듯 고양이를 향해 카메라를 흔들어 보였다. 사실 비싸기는 하지, 네 몸값보다도 몇 배는 더 줘야 살 수 있을 터이니 말이야.

가던 길 돌아서서 카메라를 흔들어대는 나를 본 고양이가 심히 마뜩잖은 얼굴을 한다. 영물이라 불리는 사호似虎 묘猫 선생의 표정이 참 묘妙하다. 동그란 눈으로 올려다보는 떨떠름한 자세 또한 가관이다. '한심한 친구야, 할 일이 그렇게도 없느냐, 노랑머리 아가씨나 찍어대고 씰룩거리는 말 궁둥이나 따라다니고'라며 빈정거리는 듯하다. 그러거나 말거나 나는 셔터에 손가락을 얹은 채 좀 더 가까이 다가와 보라 유혹해 본다. 그러나 고고한 묘 선생은 별 할 일 없는 친구 다 보겠다는 듯 귀찮은 표정으로 슬그머니 비켜선다. 도대체 남의 동네에 와서 뭐 땀시 길을 막아서고 그러느냐 힐문하듯 흘낏 쳐다보더니, 엉거주춤 서 있는 나를 슬쩍 우회해서 느릿느릿 걸음을 계속한다. 그러면서 무언가 몇 마디 더 중얼거리는 듯하였다.

"니가 정확히 렌즈를 겨눈 것은 말이 아니었잖아. 통실한 말 궁둥이도 아니고 말 탄 긴 머리 처자의 토실한 엉덩이였겠지. 잘해야 찰랑찰랑 늘어뜨린 긴 머리 정도이거나…"

아니, 이 녀석이?

묘猫 선생의 족보

그래, 대강은 알아. 너희들은 뛰어난 청각을 지녔고, 발톱을 교묘하게 숨길 수 있어서 약삭빠른 쥐나 심지어 나는 새도 사냥할 수 있으며, 혀에는 가시가 돋쳐 있어 뼈에 붙은 고기를 혀로 핥아 먹는 능력도 있고, 좁은 틈을 들락일 때는 입 둘레에 난 뛰어난 촉각을 가진 촉모觸毛로 틈 간격을 정확히 측정하는 신기한 재주도 있다지. 한때는 왕창 잘나가던 시절이 있었음도 알아. 인간과 신 사이의 촉매자로 행세하거나 사자의 여신처럼 바스테트Bastet라 불리며 신수神獸로 추앙되기도 했었다지. 때문에 이집트 기자의 대 피라미드 근처엔 자네들을 위한 무덤이 따로 있을 정도였고, 카이로 박

물관엔 너희 조상의 미라까지 보존되어 있다지. 그때는 화재가 나면 사람보다도 너희들을 먼저 구했을 뿐만 아니라 자네들을 죽이면 고의건 실수건 사형에 처했고, 키우던 고양이가 죽으면 가족들은 눈썹을 밀고 3개월 동안이나 애도 기간을 갖기도 했다더구나.

서양뿐만 아니라 동양에서도 무시 못 할 존재로 여겨진 것도 알아. 고양이 띠. 중국, 일본이나 우리나라에서는 십이지에 포함되지 못했지만, 태국이나 베트남, 하늘 아래 첫 번째 동네 티베트에서는 토끼를 빼고 호랑이와 용 사이에 너희를 끼워 주었더구나. 열두 가지 동물 중에서도 호랑이, 용과 함께 영물의 반열에 올라 인간이 머무는 시공간視空間을 구획하고 신화나 전설을 만들어 내기도 했더구나. 나는 이처럼 너희의 과거에 대해 잘 알고 있지. 뿐만 아니라 내가 파리로 오기 전까지 우리 집에는 우아하고 영리한 페르시안 고양이가 두 마리씩이나 있었어. 이처럼 너희 종족들과는 친분 있는 사이이니 이리 와서 한 번만 포즈를 취해 주려무나. 응?

집안 내력까지 들추고 아는 척하며 제법 카메라맨 자세를 취하는데도 그 녀석은 비웃기라도 하듯 힐끗 한 번 돌아보더니 '일없다' 중얼대며 무엄하게도 편력 기사의 발치를 슬쩍 비켜 지난다. 거기다 한술 더 뜬다. 투우사가 싸움 소 약을 올리듯 폴짝폴짝 엽걸음질을 하며 들으라는 듯 냐오옹~ 하였는데, 틀림없이 '돈키호테는 무슨… 니가 풍차를 알어? 사진을 알어? 찍사 실력에 비해 카메라가 너무 아깝다, 냐오옹~' 했던 것 같다. 내가 어이없어하거나 말거나 참 한가한 친구 다 보겠다는 듯 엉덩이를 실룩거리며 팔자걸음으로 유유히 사라져 갔다. '너도 아까 말 궁둥이를 흉내 내며 이렇게 걷고 있었지?' 하면서 말이다. 사정없이 한방 얻어맞은 기분이었다. 아니, 저 녀석이! 집에 두고 온 왈가닥 산초 판사 미키를 데리고 왔더라면 결코 무사하지 못했을 터인데…!

미키와 그의 여권

고양이가 그렇게 어슬렁거리고, 말이 제 갈 길만 뚜벅대며, 장끼며 양 떼들이 저마다의 몸짓에 열중하고 있는 사이에도 사명감에 불타는 돈키호테는 여전히 적진을 헤쳐 나아가고 있었다. 20-70㎜ 신형 렌즈를 대검처럼 장착한 당구공으로 풍차들을 얼굴이며 옆구리, 뒤통수 가릴 것 없이 무차별 공격해댄다. 지나가는 말이나 자전거, 고양이까지도 전 방위로 포획한다. 하지만 양이나 오리 등 들판의 졸개 적병들은 겁먹기는커녕 나의 활약상이 재미나 보이는지 물끄러미 쳐다보며 미소를 보내곤 한다.

앞뒤 없이 나대는 건 나 혼자일 뿐 사방이 고요하다. 산초 미키는 집에 두고 온 상태라 말리는 자 없어 당연히 조용하고, 묘 선생의 빈정거림이 있었으나 그 밖에는 누구 하나 간섭하는 자가 없다. 자유… 삼각대를 몽둥이처럼 들고 마을을 종횡으로 누비고 다녀도 이제 그만 나가 달라는 이도 그리고 빨리 집으로 돌아오라는 사람도 없다. 덥지도 춥지도 않고 무겁거나 가볍지도 않으며, 놓지 못할 집착이나 미움도 스트레스도 없음을 느낀다.

얽매임 없는 자유와 평화를 한껏 맛본다.

들판에서의 화려한 만찬

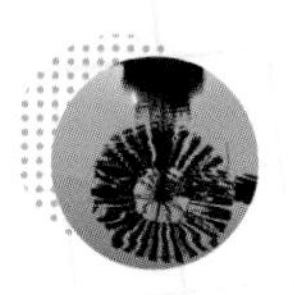

빈 배를 만나다

사실 사진에 관하여는 이제 막 걸음마를 시작한 터라 대강 눈대중으로 셔터를 눌러대는 정도에 불과하다. 화려한 듯하나 외로운 파리 생활을 달랜답시고 무작정 카메라를 구입한 뒤 오가다 만난 거리의 사진사들에게 귀동냥하기도 하고, 관련된 책 몇 권 보내 달라고 서울 친구에게 부탁하였을 뿐 끝까지 읽어 본 책조차 없다. 인터넷에도 이런저런 설명들이 난무하지만, 꼼꼼히 익혀 볼 엄두를 내지 못

하고 있다. 노출이 어쩌고 셔터 스피드며 조리개가 저쩌고 하는 등의 용어는 머리가 지끈거려 의식적으로 피하는 대목이기도 하다. 그저 재미난 광경이 보이면 슬쩍슬쩍 셔터를 눌러 볼 뿐이다.

지닌 솜씨가 이러함에도 욕심은 크다. 어설프나마 여러 컷 담다 보면 소발에 쥐잡기로 쓸 만한 장면도 담아지겠지 하고 보이는 대로 쓸어 담기에 열중한다. 그러다 보니 어느새 해가

서쪽 하늘을 기웃거린다. 할아버지 풍차가 길게 그림자를 드리우기 시작하자 한가롭던 들새들의 움직임이 빨라지고 몇몇 남았던 관광객들마저도 슬금슬금 마을을 빠져나간다. 나도 이제는 돌아가야지하고 카메라를 챙기고 삼각대를 접는다.

마을을 나서는 길목 개울가서 멋쟁이 친구를 만났다. 상처투성이 빈 나룻배 하나가 강기슭에 엉덩이를 걸치고 앉아 허허로운 표정을 짓고 있다. 혼자서 종잡을 수 없이 나부닥대다가 물러나는 이방인 침입자가 안쓰럽다는 듯 머리맡의 나뭇가지를 잡고 흔들며 헛헛한 웃음을 보내고 있었다. 번잡스런 일상을 잊고자 나섰다며 무슨 자잘한 생각들이 그리도 많은지, 그 많은 사진은 무엇에 쓰려고 그처럼 꾸역꾸역 박아대는지 나무라기라도 하듯 텅 빈 배 안을 드러내 보인다. 순간 엉덩이를 한 대 걷어차인 기분이었다. 그렇지. 온전한 자유를 위해서는 모든 걸 비워야 하겠지.

비움.

또 하나 자유의 원리를 선물로 얻는다.

차우,
태양 아씨 Tchau, Soleil

빈 나룻배를 마주하고 비움을 생각하며 우두커니 서 있는데 하얗던 개울이 온통 황금색으로 바뀌어 간다. 눈을 들어 하늘과 풍차와 개울물을 번갈아 바라보노라니 서쪽 하늘을 기웃거리던 태양 아씨도 내 눈길 따라 움직인다. 빠르게 금빛 하늘 닮아가는 개울로 내려앉아 수줍은 듯 상기된 얼굴을 물에 담근다. 이제 날이 저물었으니 침소에 들 채비를 하려나 보다. 나룻배의 지적에 무안해진 마음이 채 아물지 않았지만, 접어들었던 삼각대를 다시 편다. 그러자 태양 아씨는 세수 모습을 들켜버려 부끄러운지 더욱 홍조를 띤다. 그 바람에 개울이 노을진 하늘보다 더 진한 금빛으로 바뀌었다.

아, 미안. 침실까지 따라가 찍틀 들이대지는 않을 테니 놀라지 마시게. 고단하시지? 온종일 고생이 많았구나, 덕분에 나는 즐겁고 편안한 여행이었다네. 밝고, 그리고 덥지도 춥지도 않게 지켜주어서 말이야. 내일 5월 2일, 타임 존 5.3, 북위 28.37도, 동경 77.13도 암스테르담에서는 05시 18분 28초. 자네가 다시 떠올라야 할 시각과 장소라네. 그리고 18시 57분 02초까지는 오늘과 같이 또 수고해 줘야 할 걸세. 늘 그렇듯 한 치의 오차도 있어서는 아니 될 터이니 이만 쉬시게나. 작별의 인사로 삼각대를 흔들어 보이고는 혼자 있느라 심심해졌을 로시난테를 찾아 주차장으로 발길을 옮긴다.

차우, 태양 아씨!

불로소득

주차장은 텅 비다시피 하여 그때까지 남아 있는 차량은 서너 대에 불과했다. 늦었다 싶어 서둘러 로시난테를 깨워 출구로 다가서는데 어찌 된 영문인지 출입을 통제하는 크로스바가 일손을 놓은 채 만세 부르고 있다. 나도 모르겠다 하고 나자빠진 상태. 무슨 일인가 싶어 주위를 둘러보지만, 인기척이 없고 요금소도 비어 있다. 이상타 하고 시계를 보니 6시 반이 조금 지난 시각이다. 영민한 돈킴호테는 곧 짐작이 갔는데, 퇴근 시간이 지난 건가 하였다. 근무 시간이 정확히 몇 시까지인지는 모르겠으나 출구를 열어 두고 모두들 집에 가버린 모양이었다. 퇴근이 여섯 시? 여섯 시 반? 아무튼, 나는 주차료 7유로를 지급하지 않고도 당당하게 주차장을 빠져나올 수 있었다. 공짜다.

겨우 7유로를 챙긴 거지만 횡재한 기분이었다. 태양신이 도운 걸까? 세수하는 태양 아씨 모습도 찍어 주고 잘 자라 손까지 흔들어 주었으니 던져 준 팁인가도 싶다. 서둘러 주차장에 왔더라면 간발의 차이로 주차장 직원이 퇴근하지 않고 있었을지도 모를 일이지 않은가. 태양신을 믿는 사람들이 살던 나라 잉카 제국의 땅 페루에서 살았던 경력이 고려되었을는지도 모를 일이다. 아니면 신통방통한 묘 선생의 선심일까? 어쨌든 나쁘지 않은 기분으로 주차장을 나서며 생각해 보니 7유로는 주차비라기보다 풍차 마을 입장료라 볼 수도 있겠구나 한다. 승용차든 관광버스든 차량 편으로 오는 경우에는 이곳에 주차할 수밖에 없게 되어 있는 듯도 하니 주차료가 입장료를 대신하고 있음이 틀림없는 듯하다.

그렇다면 나는 공짜로 풍차 마을을 구경한 셈이 된다. 좌우간, 주차료든 입장료든 분명한 것은 내가 졸지에 7유로를 벌었다는 사실인데, 나도 모르게 휘파람이 불어지는 걸 보니 기분이 좋은게 맞다. 햄버거 한 개 정도 살 돈이 살림에 보탬 되는 건 아니라 할지라도 공짜는 이래서 좋은 것인가 보다. 몇 분 더 일찍 마을을 나설 수도 있었는데 잠자러 가려는 모습까지 보여줘 가며 발길을 잡았던 태양 아씨와 촬영 솜씨가 형편없다고 빈정거리던 고양이며 도사님 같던 빈 나룻배에도 감사를 표한다.

차우,
할아버지 풍차 Tchau, Grand-père Moulin

마을 어귀에 이르러 다시 찾을 기회가 없을지도 모른다는 생각에 할아버지 풍차들을 되돌아본다. 느릿하게 휘적대던 날개도 이제는 멈추었다. 뉘엿거리는 태양을 등에 업고 우두커니 서 있는 모습이 쓸쓸하고 고독해 보인다. 그러나 곧 그건 나만의 생각일지도 모른다 하였다. 오히려 풍차가 나를 측은하게 생각하고 있을지도 모르겠다. 뜬금없이 이름까지 이상하게 바꾸고 불쑥 나타나 제멋대로 생각하고 휘적거리다 떠나는 내 모양을 보고 참으로 딱하고 외로운 친구라 여기고 있을지도 모른다는 생각이 든다. 아닌 게 아니라 고독을 한 짐이나 지고 허우적대는 쪽은 풍차가 아니라 나 자신일 터이었다. 불과 이틀간의 나들이를 두고 이렇게 종잡을 수 없이 주절거리고 있는 것만 보아도 그렇다. 맞다.

풍차는 아주 오래전부터 그 자리에 서 있지만, 아주 오랫동안 아주 많은 사람이 이렇게 찾아 주고 있다. 태양이 새롭게 떠오르면 또다시 많은 관광객이 몰려와 어울리며 부산을 떨 것이다. 풍차는 그저 빙긋빙긋 너그러운 미소만 지으면 된다.

그리하여 풍차는 전혀 외롭지 않을 터였다. 들판의 양 떼들도 고독하지 않을 거고, 오솔길의 고양이조차도 심심치 않을 터이다. 자전거도 말도 낙원 같은 이곳을 떠나 멀리까지 들락거릴 필요가 없다. 그러나 나는, 해가 뜨면 다시 다른 볼거리를 찾아 헤맬 것이다. 볼거리라는 게 결국은 잠시라도 마음 두고 정붙일 곳이라고 해야겠지. 그렇다면 이런 여행길도 스스로 외롭지 않으려 버둥대는 몸짓에 지나지 않을 거다. 혼자만의 소풍이라 자유롭다 말하고 있지만, 실은 주체할 수 없는 외로움에서 잠시라도 벗어나고자 이렇게 너풀대고 있는 게 아닐까? 고독하고 외로운 입장은 바로 나 자신일 터인데 괜한 걱정을 하였는가 싶기도 하다.

고독孤獨, 백과사전에서는 '사회생활에서 커뮤니케이션의 결여를 기본 조건으로 하며 외로움이나 불안감을 수반하는 상태'라 정의하고 있다. 국어사전에서 고독은 '홀로 외로움'이라 설명하고, 외로움은 '홀로되어 쓸쓸함'이며 고독의 동의어라 한다. 나는 지금 홀로 있고, 혼자만의 생각으로 중얼거리고 있으니 커뮤니케이션 결여라는 기본 조건을 충족시키고 있고, 외로움을 수반한 상태에 놓여있으니 고독한 게 맞다. 문득, 언제인가 아끼는 친구 C가 나를 보고 늘 혼자 생각하고 혼자 결론 내리곤 한다며 핀잔하던 일이 떠오른다. 그랬지. 나 스스로는 신중하게 생각한다고 여기는데 그 친구는 나를 그렇게 답답하게 여기곤 하였지. 넓은 강물은 모든 걸 수용하고, 산은 붙박이로 앉아 있어도 전혀 외롭지 않듯 서 있기만 해도 찾는 이 끊이지 않는 풍차는 혼자가 아니다. 산이 되어야지,

강물이 되어야지, 풍차가 되어야지, 내 가 , 돈 킴 호 테 가 .

뫼비우스 띠처럼 뱅글거리는 고독과 외로움의 꼬리 물기를 지켜보다가 이제는 정말 작별하여야지 하고 로시난테의 고삐를 움켜잡는다. 노스탤지어, 까마득 잊고 지냈던 어릴 적 추억과 향수를 불러일으키며 많은 생각을 하게 한 풍차는 이제 내 가슴 복판에 들어앉아 휴식하고 있다. 불쑥 나타나 돈킴호테로 자처하고 무차별로 찧고 까불었지만, 풍차는 그냥 덤덤하게 받아주었다. 거대한 날개로 나를 내팽개치기는커녕 인자로운 모습으로 감싸 안아 주었다. 당수나무 고목 같은 할아버지 풍차는, 나의 기억력이 육신과 더불어 그야말로 땅 아래 땅 네덜란드로 사라져버릴 때까지 나의 가슴에 남아 천천히 돌아가고 있을 터이다. 그리고 끊임없이 옛 추억과 동심의 샘물을 퍼 올릴 터이다. 차우, 풍차 할아버지. 고독해 보이되 결코 고독하지 않을 잔세스칸스 풍차들에게 진정 고독한 돈킴호테가 작별 인사를 한다.

돌 아 라 . 돌 아 라 , 풍 차 야 !

돈킴호테의 화려한 들판 만찬

시장기를 느끼다

오후 내내 아름다운 격전을 치른 풍차 마을을 벗어나 하룻밤 유숙할 민박집으로 향하는 길이다. 진격해 들어왔던 소로를 되짚어 나오다가 그제야 출출하다는 생각을 하게 된다. 동화 속 같은 들판 풍경에 취하고 동그라미 헤라클레스 풍차와 예상치 않은 전투를 치르느라, 드디어 맞닥트린 풍차 군단 공략에 골몰하느라 시간 가는 줄 몰랐던 거다. 그리고 고양이와 시비를 가리거나 몇 유로 불로소득에 우쭐하고, 나룻배의 가르침을 듣고 태양 아씨와 데이트하느라 꼬르륵거리는 아랫배의 불평은 듣지 못했던 거다. 민박집이 여기서 그리 멀지 않다. 그리고 숙박비에는 저녁 식사도 포함되기에 얼른 가서 밥 내놓으라 요구할 수도 있겠으나 끼니를 때우기 위해 허둥대며 민박집으로 돌진하고 싶은 마음은 없었다. 어디서든 편하게 민생고를 해결하리라 하였다.

요깃거리는 있었다. 먹다 남은 도시락이 트렁크에 있다. 포도주도 있고 치즈도 몇 조각, 그리고 계란도 두 개나 남아 있다. 계란은 하루에 두 개 이상은 먹지 않는 게 좋다며 잔소리하던 싸모님의 목소리가 명령어로 분류되어 있지만, 여행 시 출출할 때는 계란만큼 훌륭한 식품도 없다는 믿음으로 여러 개나 삶았었다. 어렸을 적에는 소풍날이나 명절이 되어야만 맛볼 수 있었던 기억 때문인지 계란은 내게 아직도 고급 먹거리로 자리하고 있다. 소금도 한 숟갈이나 떠서 알맞게 찢은 랩으로 오므렸었다. 평소 짜게 먹지 말라며 구박 구박이지만, 소금 없이 계란을 어떻게 먹는단 말인가? 차라리 날계란을 톡톡 구멍 내어 후루룩 마시고 말지.

풍차 도는 시골 마을이니 마땅히 요기할 만한 식당 찾기가 쉽지 않을 성 싶었고, 혹 음식점이 있다 하더라도 혼자 쭈그리고 앉아 밥 먹는 건 처량해 보일 거라는 생각에 도시락을 좀 넉넉히 준비하였던 거다. 스무 해도 넘게 외국 생활을 해오면서도 혼자 식당에 가는 일은 여전히 어색하다. 남과 다른 모양을 하는 게 왠지 두렵다는 생각이 몸속 깊이 스며 있는 건데, 세월이 흘러도 바뀌지 않는 우리네 의식 구조다. 남이야 어찌 보든 개의치 않는 서양 사람들과는 살아가는 방식이 크게 다른 부분이다. 서양에서는 식당이나 카페에서 혼자 앉아 있는 사람을 얼마든지 볼 수 있고, 이를 이상하게 생각하는 쪽이 이상한 사람일 뿐이다.

수라상 차리기

허기가 밀려왔으나 서두르지는 않았다. 낭만적인 들판에서의 만찬을 그려 보며 느릿하게 주위를 살핀다. 식당은 처음부터 포기한 터였으므로 나만의 레스토랑을 꾸밀 장소를 물색하기 위함이다. 한적한 곳이어야 한다. 사람들 내왕이 있다면 좀 멋쩍을 것 같고 차들이 먼지 방귀 뿡뿡 뀌며 지나가도 밥맛이다. 고민은 곧 해결되었다. 낮에 뜻하지 않게 한바탕 소동을 벌였던 동그라미 풍차 헤라클레스가 퍼뜩 떠오른 것이다. 삼거리 갈라진 신작로에서 한 귀퉁이만 더 돌아서면 그 멋진 들꽃 길이 나올 터이다. 낮에는 거기까지 생각하지 않은 게 분명하지만 이미 마음 한편에는 만찬 장소로 점찍어 두고 있었던가 싶기도 하다. 불과 몇 시간 전에 왔었던 길이므로 헤매지 않고 찾아들어 로시난테를 멈춘다. 금세 나만의 멋진 공간이 확보되었다.

고향 들판 어느 밭두렁인 양 포근히 느껴지는 그곳은 그렇게 나를 기다리고 있었다. 주위는 고요하고, 들꽃 가득 품은 둔덕은 어머니 치맛자락처럼 편안하다. 트렁크를 열고 이것저것 꺼내 밥상을 차리기 시작한다. 밥상이라야 플라스틱 통 서너 개가 전부이고 전을 펴는 것도 이미 낮에 실시해 본 작업이므로 '차린다.'라고까지 할 것도 없다. 전장이라 편히 퍼질러 앉아 식사할 수 도 없지 아니한가? 식탁은 애마 로시난테의 지붕으로 정했다. 먼 길 달리느라 뿌연 먼지로 분칠 되어 있지만, 노랗게 만발한 미나리아재비 꽃들을 어릿하게 비추며 멋진 테이블보가 되어 있다. 포도주와 요구르트, 국물이 있는 들깻잎 깡통은 엎질러져도 상관없게 지붕 위로, 나머지는 조수석 시트 위에 진열되었다. 편력 기사 돈키호테의 야전 수라상은 후다닥 그렇게 차려졌다.

참, 음악도 있어야겠지. 종일 전투에 지친 편력 기사의 만찬 행사에 주악이 빠질쏜가? 팔을 뻗어 라디오를 켠다. 하지만 독일 말인지 네덜란드어인지 알아듣지 못할 소리로만 따블따블 하기에 서둘러 라디오를 끄고 CD 플레이어 버튼을 누른다.

'…사랑이라는 이유로, 하얗게 새운 많은 밤들, 이젠 멀어져 기억 속으로 묻혀…'

투명하고 맑은 목소리가 청초한 들꽃들의 귀를 모은다. 오래전부터 가지고 다녀 손때 묻은 김광석의, 그의 사후에 프로듀싱 된 5집 앨범의 첫 곡이다. 오래전에, 매사에 똘방똘방하던 친구 C가 심심할 때 들으라며 선사한 앨범이다. 그 친구도 김광석의 노래를 무척이나 좋아했었는데.

초원의 황제가 되어

승리의 축배를 들다

이제 오가는 차도 거의 없다. 장끼들이 이따금 날아오르며 정적을 깨트릴 뿐 사방은 고요하고, 풀 향내 가득 담은 실바람이 물결치는 들녘은 말없이 평화를 찬양하는 듯하다. 수라상을 차리는 사이 수수한 헤라클레스 들판은 금빛 석양을 받아 멋쟁이로 변해가고 있었다. 아름다운 자연의 품에 안겨 추억의 노래와 함께 자유롭게 즐기는 풍차 들판에서의 만찬. 더 이상의 낭만적인 식사는 없을 듯하다. 한 모금 물로 목을 축인 후 드디어 젓가락을 집어 든다. 그때였다. 어느새 강둑을 넘어 로시난테의 등에까지 기어오른 노을이 살그머니 다가서며 손등을 토닥인다. '이보게, 그까짓 배 채우기가 그리 급한가?' 하고 타이르듯 속삭인다.

옳은 말씀이라 하였다. 이 멋진 분위기를 즐길 생각은 않고 우선 배부터 채울 궁리만 하고 있었다니 이 시대의 마지막

로맨티시스트 돈킴호테의 옳은 자세가 아니지. 집었던 젓가락을 도로 내려놓고 분연히 일어선다. 황금빛 노을이 황홀하다. 석양에 물들며 시시각각 바뀌어 가는 풀꽃들의 자태가 환상적으로 곱다. 이러고 있을 일이 아니다 하였다. 급히 카메라를 호출한다. 태양이 지평선 너머로 사라져 버리기 전에 황금빛 망토 두른 헤라클레스의 모습을 담아 두어야지. 갈대와 들꽃과 강물이 들러리 서고 있는 가운데 곤룡포를 걸치기 시작한 동그라미 풍차는 점점 화려한 모습으로 변해 가고 있었다.

후다닥 강둑으로 튀어 올라 왕의 위풍으로 우뚝 선 헤라클레스의 용안을 렌즈 가득 담는다. 그러고도 한참을 헤라클레스와 마주하고 서 있다가 느릿하게 만찬 테이블로 되돌아왔다.

이제는 오늘의 승리를 자축하는 축배를 들어야지. 품위 있어 보이는 리스본산 병따개로 신의 물방울을 가두고 있는 보르도 와인의 마개를 뽑는다. 갇혀 있어 답답했을 부케 향이 아로마 향과 함께 상큼한 초원 공기와 어우러져 우아하게 춤춘다. 비록 종이컵이기는 하지만 반쯤 따라 스월링Swirling을 흉내 낸다. 편력 기사 돈키호테가 마시는 포도주가 일회용 컵에 부어지다니 황당한 일이기는 하나 지금은 전시이고 야전이니 괘념치 않기로 했다. 천천히 컵을 들어 조금씩 입안을 적신다. 라임 향 닮은 그래시Grassy한 맛이 초원에서 즐기기에 좋다. 일시에 수천수만의 미뢰 세포들이 우르르 뛰쳐나와 '아삭아삭하게 크리스프Crisp한 듯 프레시Fresh하다' 속삭이자 부드럽게 혀를 휘감다가 사르르 목젖을 탄다. 표현할 길 없는 감탄으로 미처 다물지 못한 입술 사이로 밀려든 초원의 맑은 공기가 향기들을 더욱 숙성케 하며 부드럽게 전송한다.

우아하게 와인 잔 마주치는 소리가 빠지긴 했지만, 노을지는 들판에서 맛보는 포도주는 촛불 아래서와는 또 다른 감흥을 일으키기에 충분하다. 풀꽃 내음과 어우러진 촉촉한 부케 향이 온몸을 휘감자 수많은 갈대가 가슴 가득 안겨 온다. 속삭이듯 찌르륵 대는 풀벌레 소리를 들으며 나는 서서히 이 멋진 들판을 정복한 개선장군이 되어 갔다. 다시 한 잔의 포도주로 축배를 든다. 이제 온통 황금 풍차로 변한 헤라클레스가 부동자세로 거수경례를 한다. 나는 어느덧 황제가 되어 있었다. 보나파르트 나폴레옹이라도 이렇게 멋진 순간을 가질 수 없었으리라. 고요가 풀벌레들을 모두 모이게 하여 달콤한 합창으로 피로를 풀어 주고, 금빛 석양이 별들에게 나의 앞길을 부탁하고 사라질 때까지 파리에서 온 재기발랄한 향사 돈 킴호테 데 라 만차[El ingenioso hidalgo Don Kimxote de La Mancha]는 그렇게 멋들어진 만찬을 즐기며 들꽃들의 황제가 되어 있었다.

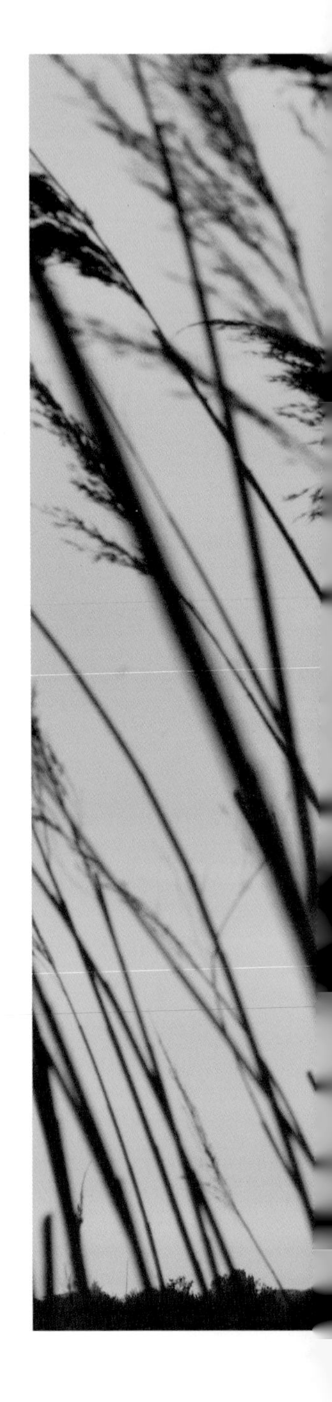

갈대와
친구되어…

황제 돈킴호테는 로시난테의 등허리에 기대어 선 채 마지막 남은 포도주 잔을 들고 황금 풍차로 변한 헤라클레스를 물끄러미 바라본다. 주위에는 깃털 꽂힌 투구를 쓴 호위 병사 갈대들이 바람결에 흔들리며 무수히 자라나고 있었다. 나는 또다시 카메라를 집어 들고 우수수 일어나는 갈대숲으로 뛰어든다. 백전노장의 수염인 양 텁수룩하게 자란 갈대꽃이 발을 옮길 때마다 뺨에 닿으며 얘기한다. 갈대는, 몸이 가늘어 슬퍼 보이는 갈대는 흐르는 강물을 말없이 굽어보며 옛날 옛날부터 그렇게 서 있다 한다. 수많은 동료들과 함께 고독한 영웅 헤라클레스를 호위하며 늘 그렇게 서 있다 한다. 연약해 보일지 모르나 굽힐지언정 부러지지 않으며 영원히 대장 풍차 헤라클레스 곁을 떠나지 않는다 말한다. 그래도 나는, 너무 가늘어 슬퍼 보이는 갈대들을 애처로운 마음으로 살며시 껴안는다. 꿈결처럼 어느 시인의 《갈대의 시》가 속삭이듯 다가온다.

'환한 달빛 속에서 갈대와 나는
나란히 소리 없이 서 있었다.
불어오는 바람 속에서 안타까움을 달래며
서로 애 터지게 바라보았다.
환한 달빛 속에서 갈대와 나는 눈물에 젖어 있었다.'

갈대와 함께 서서, 갈대도 나도 풍차도 외로움을 속으로만 삼키며 흐느끼다가 강물이 풍차의 반영마저 삼켜버리려 할 시각이 되어서야 작별한다. 버석거리는 갈대숲을 헤집고 강둑을 기어올라 바짓가랑이에 묻은 흙먼지를 털어내며 멀뚱히 엎드려 있는 로시난테에게로 되돌아왔다. 천천히 고삐를 다시 잡고 계기판을 본다. 열한 시를 훌쩍 넘어서고 있었다. 시디가 몇 바퀴를 돌았는지 여전히 투명한 목소리의 김광석이 혼자서 노래하고 있다. 5집 앨범의 중간쯤 있는 곡인가 싶다.

'너무 깊이 생각하지 마, 외로움이 친구가 된 지금도 아름다운 노랜 남아 있잖아…'

그래, 나는 종일토록 깊이 모를 외로움과 어깨동무하고 있지만, 아름다운 풍경과 노래는 이렇게 남아 있지. 고독과 맺어진 슬픈 우정도 시간이 흐르고 나면 아름다운 노래로 남으려니.

태양이 어둠 장막을 드리우며 들판 너머로 완전히 사라지고, 온종일 맴돌이하던 헤라클레스 풍차가 지친 날개를 개울물에 담그고 침잠할 때까지, 나는 그렇게 포도주 잔을 들고 갈대와 함께 흔들거리며 서 있다가 이제 지친 몸을 누이고 하룻밤 휴식할 민박집으로 향한다. 바삐 서두를 필요는 없었다. 내일을 위해 한숨 자 두려는 방편일 뿐 일찍 도착한들 늦게 들어간들 반겨 줄 사람도 나무랄 사람도 없으니 걱정될 건 없다. 얽매임 없는 또 하나의 자유를 맛본다. 이런 게 혼자만의 여행이 주는 즐거움인가 보다.

돌자, 그래,
돌자 풍차야!

꽃동네 쾨켄호프 에서 노닐다

민박집에서 만난 사람들

민박집

풍차 마을에서 30분쯤 달리는 거리였지만 화려한 황제 만찬의 황홀경에 젖다 보니 자정이 가까워서야 암스텔베인Amstelveen의 스포틀란에 위치한 민박집에 당도하였다. 오래전부터 한번 해 보아야지 했으나 실제로 민박을 하기는 처음이다. 교외 나들이를 하다가 투박한 글씨로 '민박'이라 써 놓은 간판을 보면 고향 집 같다거나 어쩐지 포근할 것 같다는 생각을 해 본 적이 많으나 정작 실행하여 볼 기회는 없었는데, 오랜 숙원을 풀게 된 셈이다. 예약 절차 등 번거로움이 많은 호텔보다는 편할 거라는 것과 비용도 다소 저렴하다는 계산도 있었고, 이왕이면 숙박 요금이 우리 동포들 주머니에 들어가는 것도 좋은 일이리라는 생각도 있었다.

외출에서 늦게 귀가한 하숙생처럼 뒤통수를 긁적이며 현관에서 도착 신고를 하자 주인장이 곧바로 3층으로 안내한다. 안방으로 쓰였던 모양으로 제법 크기는 하나 이층 철 침대가 양쪽 벽에 각각 배치되어 있어 방이 꽉 차는 느낌이다. 때에 따라 4명까지 잘 수 있게 되어 있지만, 독방으로 예약했기에 아무도 들이지 않을 터이니 마음에 드는 침대를 골라 자면 된다 한다. 샤워 룸도 혼자서 쓸 수 있단다. 그러나 첫눈에 그리 마뜩지는 않다. 말이 독방이지 내가 실제로 차지할 수 있는 면적은 그야말로 싱글베드 한 폭뿐이다. 독방이라 했으니 당연히 침대 하나 놓인 아담한 공간이려니 생각하고 있던 터라 조금 실망이었다.

"얼마 드리면 되지요?"
"예, 50유로……"

물어보는 어투에서 석연찮은 기운을 느꼈던지 말끝을 흐리며 아래층에서처럼 여러 명이 함께 방을 쓴다면 30유로라며 묻지 않은 설명까지 보탠다. 그러잖아도 썩 내키지 않던 차였는데 잘 됐다 싶었다. 이때다 하고 그 방으로 옮기면 안 되겠느냐고 슬쩍 물었다. 요금보다도 방 분위기 때문이었다. 혼자라고는 하지만 겨우 철 침대 하나만 차지할 건데, 팔다리, 머리를 각기 다른 침대에 나누어 누일 요량이 아니라면 이건 아니다 싶었던 거다. 그리고 합숙하는 방 모양도 궁금하고 나그네들을 만나 보고 싶은 마음도 일었다. 그러고 보니 집을 나선 후 길을 묻느라 주유소 아주머니와 잠시 얘기한 것과 살찐 고양이와 나눈 외마디 대화 외에는 종일도록 말을 해 본 적 없음이 상기된다. 주인장 얼굴에서 망설이는 표정이 얼핏 스치는 듯했으나 이내 아무렇지 않은 얼굴로 그러시라며 계단을 되짚어 내려간다.

나그네들과의 통성명

내려놓았던 가방을 다시 들고 주인장을 따라 아래층으로 내려와 수컷들만 있다는 합숙 방에 들어섰다. 아까보다 작은 방임에도 이층 철 침대가 세 개나 세워져 있는데, 학생인 듯한 청년 둘, 30대 후반의 아저씨 둘, 그리고 50대 초반쯤으로 보이는 한 명이 각각 한 칸씩을 차지하고 있다. 나는 갓 훈련소를 나와 더블 백 메고 자대로 배치받은 신병처럼 쭈뼛거리며 구석 쪽에 비어있는 침대의 이층으로 기어 올라갔다. 하나 남은 귀한 자리다. 여행 중 이런 식의 합숙은 처음이라 좀 어색하기는 해도 한꺼번에 말벗이 여럿 생기게 되어 과히 나쁘지 않다. 서로 간 통성명이 이루어지고 난 후 신입생답게 얌전히 쪼그리고 앉았다. 모두들 고단해할 자정이 넘은 시각이기도 했다.

그중 어려 보이는 한 청년은 런던의 비달 사순 미용 아카데미에서 훈련받고 있는 헤어 디자이너라고 스스로를 소개했다. 유명세만큼이나 미용료가 비싼 곳으로, 머리 한 번 만지는 데 우리 돈으로 보통 20만 원 정도라 한다. 하지만 오늘 여기 있는 분들이나 가족이 온다면 10% 할인을 책임지겠다며 선심 쓴다. 듬직한 근육질의 청년이 여자들 머리를 만지는 일을 하고 있다는 데 대해 알지 못할 거부감이 살짝 이는 것이 사실이었지만, 상당한 자부심으로 자신 있어 하는 모습이 보기에 좋았다. 또 한 청년은 지방의 모 기술 대학원생으로 벨기에서 6개월 연구 과정 연수 중인데 반쯤 지난 시점이라 한다. 요즈음 젊은이답지 않게 겸손하고 조용조용한 말씨가 인상 깊었다.

그리고 50대 초반으로 보이는 한 분은 자신을 나무 전문가로 소개했다. 나무 시장을 살피러 왔단다. 이미 며칠이 지났고 좀 더 있으려 했지만 긴급한 본사의 호출이 있어 내일 귀국할 거라 한다. 그리고 나머지 두 명은 1년 기한으로 벨기에의 어떤 연구소에 출장 와 있다 하는데, 정확히 무슨 일을 하는지에 대해서는 말하지 않았다. 굳이 알아야 할 이유도 없기에 나도 더는 물어보지 않았다. 나무 전문가라 하던 분은 잠시 뒤 가방을 챙겨 조금 전 내게 소개되었던 3층 방으로 옮겨 갔는데 주인의 배려인 듯하였다. 나중에 안 사실이지만, 이분은 코골이가 심한 모양이다. 내가 쓰지 않고 이리로 온 탓에 그 방은 비게 되었으니, 이왕 빈방이라 여러 명을 코골이 소음으로부터 보호도 할 겸 이미 며칠을 묵은 기존 고객에 대한 배려로 주인이 선심을 쓴 모양인가 하였다.

헤어 디자이너와 대학원생 K 군은 젊은 나이라 그런지 비교적 또렷이 자기소개를 했었으나 나머지는 대체로 '저는 누구입니다' 하고 이름 정도만 밝혔을 뿐 나머지 사항은 누군가가 물어보면 겨우 한두 토막만 웅얼거리는 상황이다. 밤늦은 시각이라 피곤한 탓도 있겠으나 눈치를 보아하니 오가다 만난 사이이고 잠시 스쳤다 헤어질 사람들인지라 구태여 상세 설명은 하지 않으려는 분위기이다. 나도 이름은 말했지만, 뒷부분은 의식적으로 우물거리고 넘어갔다. 파리에서 살고 있노라 덧붙이기는 했는데 모두들 파리에 거주하고 있다는 사실에 대해 부러워하는 눈치다. 무슨 일을 하는지도 궁금해하는 듯했으나 묵계라도 한 듯 선뜻 입 밖에 내어 질문하지는 않는다.

그래서 별 생각없이 마음 놓고 있는데, K 군이 침대에서 내려와 살그머니 다가오더니 '그 좋은 파리에서 뭐해 먹고 사느냐'고 불쑥 물어온다. 뜻밖이었다. 방심하고 있던 차에 허를 찔린 것 같은 심정이었는데 나는 얼결에 '아, 예, 그냥 뭐, 조그마한 회사…' 하며 말끝을 흐리고 말았다. 순진해 보이는 K 군은 멋쩍었던지 선 채로 우물쭈물하더니 머리를 긁적이며 자기 침대로 다시 기어 올라갔다. 그렇게 이상한 입실 신고식을 치른 후 각자 편한 자세로 드러누워 다녀온 곳이며 다음 행선지 등을 두서없이 늘어놓다가 누가 먼저인지도 모르게 하나 둘씩 스르르 잠이 들었다.

기상, 그리고 재출격 준비

알람 시계가 없어도 눈은 여섯 시에 떠졌다. 뚜벅이 출근을 즐기기에 평소 여섯 시 빈경이면 대문을 나서는 습관 탓이다. 일찍 잠에서 깼으나, 출근길에 나설 것은 아니었으므로 멀뚱거리며 드러누운 채 살짝 게으름을 피우고 있었다. 다른 이들은 아직 드르렁거리는 중이어서 조금 더 잠을 청해 볼까도 하다가 모두 일어날 시간이 되면 화장실이며 세면장이 한꺼번에 붐빌 것 같다는 생각에 살금살금 사다리를 내려와 공동 샤워실의 첫 번째 사용자로 발자국을 남겼다. 그러나 아침 식사는 8시부터라 했으니 아직 한참을 더 기다려야 한다. 별수 없이 어정쩡한 모습으로 다시 침대에 기어올라 엎드린 채 어제 담은 사진들을 되돌려 보기도 하며 식사종이 울리기를 기다렸다.

좁은 가정용 부엌 식탁이라 투숙객 모두를 한꺼번에 수용할 수가 없으므로 식사는 두세 차례 나누어 한다고, 지난밤 입실 신고식 때 교육받았었다. 물론 순서를 정해 놓은 건 아니고 선착순으로 식탁을 차지하면 된다 하였었다. 나는 이미 샤워까지 마친 상태이므로 1차 식사 시간에 출석하여 식탁에 앉을 수 있었다. 후식으로 커피까지 얻어 마시고는 자그마한 앞뜰로 나와 하룻밤 동숙한 나그네들과 이런저런 얘기로 잠시 어울렸다. 밤사이 휴식을 취했고 식사까지 한 뒤라 모두들 느긋한 표정으로 둘러서서 담배를 피워 물기도 한다. 비행기를 타기 위해 곧 출발해야 한다는 나무 전문가 차례가 되자 그는 통나무집이 건강과 얽힌 사연에 관해 얘기했다.

우리나라에서도 한때 유행하던 통나무집에 쓰인 목재는 방부·방충 처리를 하면서 비소가 함유된 약품을 지나치게 사용하였기 때문에 건강에 해로울 수 있다 하였다. 다행히 작년부터는 비소 사용을 법으로 제한하고 있어 앞으로는 많이 개선되겠으나 지은 지 오래되지 않은 목조 가옥과 식당이나 유흥 업소 등의 실내 장식에 쓰인 나무들에는 유해 요소가 여전히 남아 있다 한다. 비소 성분이 많을수록 푸르스름한 빛을 띠게 되는데 특히 남성 호르몬에 해를 끼쳐 무정자증을 초래하기도 한단다. 신혼부부들이 폼 난다고 통 크게 통나무집 지어 살다 보면 아기를 통 못 낳을 수도 있으니 조심해야 한다고 해 한바탕 웃음을 선사하기도 했다. 서울에서는 찻집이나 식당에 들르더라도 나무 장식이 많은 집에는 너무 오래 앉아 있지 않도록 해야겠다 싶었는데, 건강에 나쁘다는 담배를 뻑뻑 피워 가며 얻어들은 건강 상식이었다. 담배도 폐뿐만 아니라 남자들에게 치명타를 입힐 수 있다는데 말이다.

비소 砒素, Arsenic

비소는 고온 건조 시 99% 이상의 순도를 갖는 무색무취의 독성 강한 분말이 된다. 소량 복용하면 감기, 천식, 기침, 피부 질환 등 질병에 대한 저항력을 높여 주기도 하지만, 중독성이 강하다. 만성 중독의 경우 식욕 부진과 무력감, 폐암이나 피부 질환과 고혈압, 말초 신경염, 위장염 등이 생기고, 급성 중독이 되면 언어 장애나 심한 복통과 함께 혼수상태에 이르러 사망하기도 한다. 사극에 자주 등장하는 사약 비상의 주재료인 비소는 왕들이 주로 사용해 '왕의 독약'이라 불리기도 하였고, 강한 독성 덕에 '독약의 왕'이란 무시무시한 칭호도 가지고 있다. 사망한 나폴레옹의 머리카락에서 고농도의 비소가 검출되어 독극물에 의한 타살 논란이 있었으며, 청나라 말기 변법자강 운동으로 개혁을 꿈꾸었던 황제 광서제의 사인이 사후 100년 만에 비소로 인한 독살로 규명되기도 했다. 아편에서도 비소 성분이 발견되기에 모발의 비소 농도 측정으로 아편 중독자 여부를 가려내기도 한다.

19세기 후반 미국에서는 비소를 정력제라 여기고 남정네들이 앞다투어 집어삼켰다는 웃지 못할 이야기도 있으며, 중국 화남 지방에서는 여자아이가 태어나면 어릴 때부터 비소를 조금씩 먹였다는 슬픈 사연도 있다. 비소에는 혈액 순환 방해와 함께 멜라닌 색소의 생성을 억제하는 성질이 있어 장복하면 얼굴이 창백해지기 때문인데, 하얀 얼굴을 만들어 내기 위한 미용법으로 비소를 섭취케 한 우매한 풍습이었다. 하지만 비소는 중독성이 강해 한번 시작하면 중단하기 힘들기에 자신도 모르게 서서히 죽어간 꽃다운 처녀들이 많았다 한다. 프랑스에서는 신원이 불명한 사람에게는 비소를 팔지 못하도록 하고 있고, 영국은 쥐약 등 비소가 함유된 제품 구매자는 반드시 이름을 기록한다. 또한, 설탕이나 밀가루 등과 혼동되지 않도록 비소는 검은색 그을음을 섞어서 사용토록 한다. '약 좋다 남용 말고, 약 모르고 오용 말자'라던 표어가 실감 나게 떠오른다.

기원전 400년경 아리스토텔레스에 의해 약리 작용이 기록된 비소는 살충제나 제초제 또는 백혈병 등의 치료제에도 쓰인다. 생활 주변을 살펴보면, 반도체, 염료 공장 폐수, 제초제, 쥐약, 파리끈끈이와 벽지용 인쇄 잉크 등에서도 검출되고 광산의 제련 작업, 화산 활동, 지열에 의해서도 비소가 생성되어 건강을 위협하고 있다. 그런데 우리나라에서는 잠자고 쉬는 거주 공간에까지 비소를 끌고 들어와 남용하고 있었다니 아뜩한 기분이 된다. 그 나무 전문가 아저씨는 친절하게 비소의 해독에 대해서도 한 말씀 하셨다. 인체에 축적된 비소 배출에는 마그네슘, 칼슘, 셀레늄, 철, 요오드, 비타민 C 등이 많이 함유된 자연식품이 좋다 한다. 우리 순진한 동숙자들은 비소 못지않게 중독성이 강하고 건강에 해롭다는 담배를 입에 물고 빙 둘러서서 연신 연기를 내뿜어 가며 그렇게 건강 공부를 하였다. 무언가에 집중하게 되면 줄 담배가 되기에 십상이어서 꽁초를 퉁겨 버리고 담배를 다시 꺼내 물곤 하였다.

길동무

K 군과의 한나절 동행

허공에 뿜어진 담배 연기가 담장 너머로 흩어지자 아침 햇살이 건물 사이를 비집고 나타나 떠날 시각임을 알리기라도 하듯 한 아름 빛줄기를 쏟아 놓는다. 과객들의 손가락에서 꽁초들이 퉁겨지며 끽연 팅이 마무리되고 하나둘 대문을 나서기 시작한다. 나도 가방을 가지고 나왔다. 쾨켄호프로 튤립 꽃밭을 찾아 나설 참이었는데 뜻하지 않게 동행자가 생겼다. 아침식사시간에 전격적으로 정해진 짝이다. 좁은 식탁에 빙 둘러앉아 함께 밥을 먹던 중이었다. 마음씨 좋아 보이는 주인아주머니가 커피를 끓이다가 나와는 한마디 상의도 없이 K 군을 돌아보며 '파리에서 오신 이 아저씨도 쾨켄호프로 가신다는데요. 자동차로… 같이 가시지 그래요?' 하고 선심을 써 버렸다. 예상치 않은 주선이라 당황스러웠지만, 야박하게 군다 할까 봐 얼결에 '응, 예… 그러지요. 뭐. 그래요, 같이 가요.' 하고 말았기 때문이다. 일착으로 부엌 식탁에 앉으며 쾨켄호프까지 자동차로 얼마나 걸리는지 물어본 게 탈이었다.

실은 어제 잠들기 전에 K의 행선지가 나와 같다는 것은 알았었다. 그러나 나의 다음 행로는 함구하고, 같이 가자고 해야 하나 말아야 하나 궁리하다가 잠들어버린 터였다. 거짓말을 한 때문이었다. 그가 파리에서 뭐 해 먹고 사느냐고 물어왔을 때 '그냥, 조그마한 회사…'라고 했었다. 회사를 운영하고 있다는 얘긴지 주재원이라는 말인지 밑도 끝도 없이 우물거렸었다. 그러니 동행하게 된다면 곧 거짓말이 탄로 날 터이다. 다음 이유로는 그냥 혼자이고 싶은 생각 때문이었다. 나 홀로 소풍인 만큼 철저하게 혼자가 되어 오로지 나의 내면과 시간을 보내 보자 싶었던 거다. 집에서 사무실에서 군중들 틈에서 나는 얼마나 많은 시간을 내 마음과는 떨어져 지내왔던가 싶은 후회가 덕지덕지 붙어 너풀거리던 중이었다.

그런데 졸지에 빼도 박도 못하게 되어 버린 거다. 순간 당황하며 아주머니를 힐끗 쳐다보긴했지만, 곧 좋은 쪽으로 생각하기로 하였다. 객지에서 고생하는 유학생을 돕는 일도 좋은 일이려니 하고 스스로 달랜다. 피할 수 없으면 즐기라 했지. 속마음은 자그맣게 파동하고 있음에도 K 군과 아주머니를 돌아보며 '그래요? 잘됐네. 그러잖아도 심심하던 차였는데 옆에서 지도나 좀 봐 주소. 이놈의 톰톰이 가끔 헛발질을 해대서 말이야…' 하며 너스레까지 떨었었다. 이왕 선심 쓸 바에는 흔쾌히 응낙하자고 호기 아닌 호기를 부렸었다. 그 바람에 우리는 오랜 친구라도 되는 양 어깨를 나란히 하고 주차장으로 향하게 되었다. 본심이라는 녀석이 체면이라는 분한테 불퉁거리고 있었지만, 어쩔 수가 없었다. 뭐 그래 봐야 하루 동안 일 터인데, 하고 스스로 달래 가며 나는 인심 좋은 아저씨가 되어 아무렇지도 않은 듯 경중경중 걸었다.

얼렁뚱땅 넘어가기

길모퉁이를 돌아서자 곧 주차장이 나타났다. 그사이 제법 도타워진 햇살이 건너편 아파트가 드리운 그늘을 살금살금 벗겨내고 있는 저만치에 밤이슬 맞아 가며 노숙한 애마의 모습이 한 눈에 들어온다. 반가웠으나 걱정이 앞선다. 번호판 때문이다. 로시난테가 차고 있는 호패는 보통과는 색달라 눈에 잘 뜨인다. 프랑스의 일반 자동차 번호판이 흰색 바탕에 검정 글씨인 데 비해 초록 바탕에 오렌지색 글자가 촌스럽다 할 정도로 선명하다. 색싱뿐만이 아니다. 외교관 차량임을 나타내는 표시(CD)가 또렷이 그려져 있어 단박에 차 주인의 신분이 드러난다. 어느 나라 대사관의 누구인지, 그리고 언제쯤 부임한 친구인지를 분명하게 알려준다. 바로 그 특별함이 지금 마음에 걸리는 거다.

그러니 K 군이 제발 번호판을 보지 않기를 바랄 뿐이다. 어차피 종일 같이 움직여야 할 터인데 괜한 일로 어색한 분위기에 휩싸이는 게 싫어서다. 그래서 로시난테의 모습이 점차 가까워지자 초조함은 빠르게 더해간다. "도둑이 제 발 저린다"는 건 맞는 말이다. 소심이라 불리는 척후병이 재빨리 잔머리 본부에 상황을 보고하고, 잔머리 대장 짱구가 위기 상황이라 판정하자 즉각 행동대원들이 도글대기 시작한다. 즉시로 바람잡이 기법이 동원되었다. 마치 무슨 일이라도 있는 듯 딴전을 피우며 K의 주의를 흩트려 놓는다. 코앞에 두고도 짐짓 차를 찾는 척 두리번거린다. 그리고 엉뚱한 말로 그의 시선을 돌리게 한다.

"K 형, 저게 무슨 나무지요?"

사실, 뭐 특별한 나무가 있는 건 아니었다. 마로니에려나? 흔히 볼 수 있는 가로수일 뿐이었다.

"글쎄요, 플라타너스 아닌가요? 그런데 왜 그러세요?"

"아니, 뭐, 그냥, 아까 그 나무 아저씨가 생각나서……."

그렇게 얼렁뚱땅 시선을 호도하여 그가 한눈을 파는 사이 성큼 차 뒤로 다가가 트렁크를 젖혀 올렸다. 덮개가 위로 올려져 버리면 일단 번호판이 보이지 않을 거다. 가방을 밀어 넣고도 덮개를 내리지 않은 채 손수 앞문을 열어 그를 먼저 타게 할 셈이다. 그런 뒤에 트렁크를 닫으면 감쪽같이 번호판은 볼 수 없을 거라 싶었다. 그렇게 하면 이 차의 정체, 아니 나의 신분은 어물쩍 가려지리라 싶었다. 괜찮은 꼼수다 싶기도 하다. 겸사겸사 나이 든 사람이 차 문까지 열어 주는 친절로 보이기도 할 것이어서 매너 있는 아저씨로 여겨질 수도 있으려니 하였다.

예행연습이라도 한 듯 제법 능숙하게 움직였다. 후다닥 트렁크를 젖히고, 앞문을 열고, 부산을 떨어가며 K 군을 앞자리로 안내한다. 그는 차를 얻어 타게 된 것만으로도 고마운데 차 문까지 열어 주는 서비스에 놀랐는지 어리둥절한 표정이다. 어쩔 줄 몰라 하는 그를 떠밀듯 조수석에 밀어 넣고 얼른 뒤돌아 트렁크를 찍어 누른다. 쾅 소리가 났다. 스스로에 대한 분노 때문인지 자신도 모르게 팔에 힘이 들어가 있었던 모양이다. 그리고 서둘러 운전석에 올라 액셀러레이터를 밟았다. 급히 출발할 필요는 없었는데 트릭을 썼다는 데 대한 마음 부담 때문인지 차체가 출렁한다. 좌우간 일단 작전 성공이다. 꼼수로 어수선한 분위기를 연출해서 얼렁뚱땅 위기를 넘긴 셈인데, 아직은 중천으로 오르지 못한 해님이 차창을 넘겨다보며 빙긋거리고 있었다.

외교관 차량 번호판 이야기

외교관 차량 번호판은 눈에 잘 뜨이게

어느 나라든 외교단 차량 번호판은 일반 차량과는 달리 특별한 표기를 하여 눈에 잘 뜨이게 한다. 우선 외교 차량임을 표시하고 국가 식별 기호나 숫자와 함께 개별 인식 번호를 부여하게 된다. 나라마다 다르기는 하나, 로마자를 사용하는 나라에서는 통상 CD[Corp Diplomat] 또는 D자로 외교관 차량임을 나타내거나 아예 국가 명을 써 붙이기도 한다. 영사(단) 차량에는 대개 D자 대신 C[Consulate]가 붙는다. 이 외에 특정한 숫자로 구분하는 나라도 있고, 중국, 일본 등 한자어 권에서는 使 또는 外, 우리나라에서는 외교 등으로 표기하여 외교관 차량임을 나타낸다. 나라별 식별은 알파벳 조합으로 하기도 하지만 숫자로 하기도 한다. 미국은 AA(콩고)부터 YR(러시아연방)까지 각 나라에 제멋대로(?) 이니셜을 부여한 반면, 영국은 그래도 신사나라답게 101[Afghanistan]부터 282[Zambia]까지 국명의 알파벳 순서대로 구분번호를 부여했다.(이후 316번까지 확장됨)

프랑스에서 우리나라 외교단에 부여된 식별 번호는 31이다. 그래서 애마 로시난테가 콧잔등과 엉덩이에 앞뒤로 걸고 있는 번호판은 [31 CD 366], 뒤 숫자(366)는 개별 직원이 대사관별로 현지에 부임한 순시를 나타낸다. 대사관은 아니나 국제기구인 UNESCO, OECD 대표부 등 한국 대표단에 부여된 번호는 231이다. 그 외 프랑스 주재 미국 외교단에게는 6, 일본은 62, 중국은 26, 북한(문화대표부)에게는 193 등으로 주어져 있다. 공관장 차량에는 C와 D 사이에 M[Mission]자가 하나 더 들어가고 뒷번호는 늘 1이다.

색상 또한 유치하다 할 정도로 선명하며 일반 차량과는 확연히 달라 식별하기 좋게 되어 있는데, 이는 어느 나라에서나 비슷하다. 외교단 표시와 숫자의 색을 달리하거나(중국), 앞뒤 번호판 색상을 다르게 하여 짝짝이 양말을 신겨 놓는 심술쟁이 나라도 있다(영국). 공관장은 1이나 10, 1000 등 단순한 숫자를 써넣어 더욱 알아보기 쉽게 해 놓는다. (외교관이 아닌 행정직원[local employee] 번호판은 또 적절히 구분 표시한다. (미국의 경우 D자 대신 S[Staff])이 모두가 외교 사절에 대한 예우가 표면적 이유지만, 주재국 정보기관의 주시 대상임을 대변하고 있음이다.

외교관은 허가 낸 스파이라는 말도 있지 아니한가?

해외주재 우리나라 공관의 차량 번호판 사례

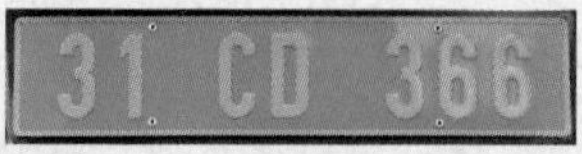
31 CD 366
주 프랑스 대사관 (공관원)

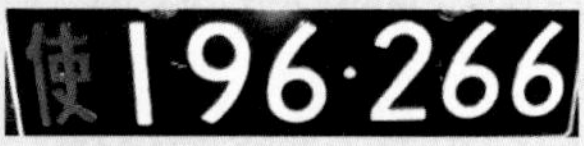
使 196·266
주 중국 대사관 (공관원)

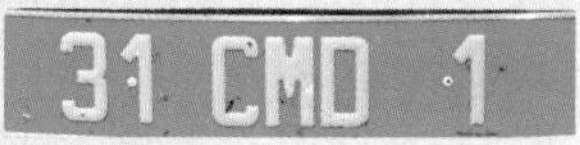
31 CMD 1
주 프랑스 대사관 (공관장)

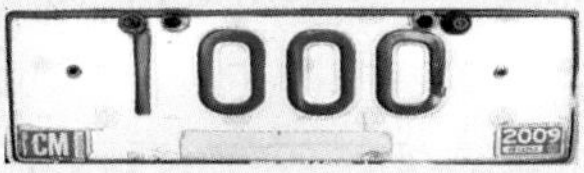
1000
CM
2009
주 필리핀 대사관 (공관장)

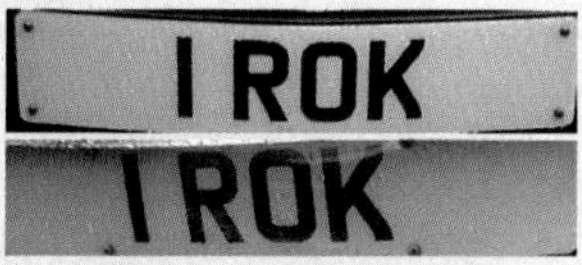
I ROK
I ROK
주영국 대사관 (공관장 앞·뒤)

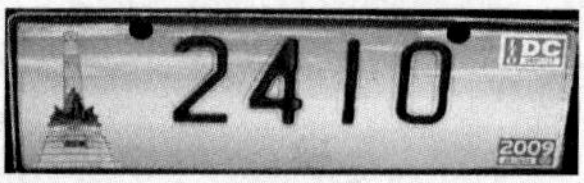
2410
DC
2009
주 필리핀 대사관 (공관원)

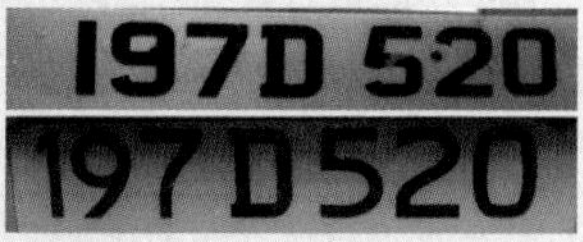
197D 520
197 D520
주 영국 대사관 (공관원 앞·뒤)

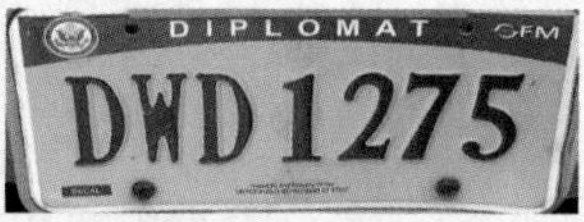
DIPLOMAT
DWD 1275
주 미국 대사관 (공관원)

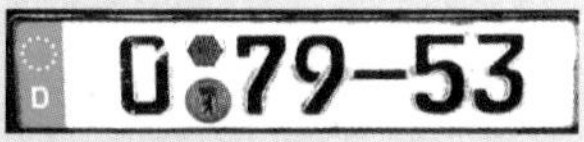
D
0 79-53
주 독일 대사관 (공관원)

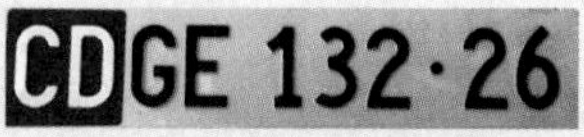
CDGE 132·26
주 제네바 대표부 (공관원)

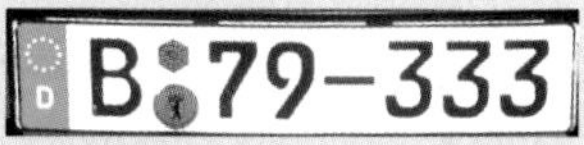
D
B 79-333
주 독일 대사관 (행정원)

미국에서의 우리 대사관 차량 식별 기호는 WD이다. 그리고 그 앞에 외교관 차량임을 뜻하는 D가 붙는다. 내게 부여된 숫자가 123이라면 내차 번호판은 [DWD 123]이 된다. 물론 금기 사항이지만, 오래전에는 우리 대사관 직원들이 한 잔 걸치고 핸들을 잡는 경우가 더러 있던 터였으므로 DWD는 Drunken Wild Driver(취하고 거친 운전자)의 약자라며 웃었던 적이 있다. 실제로 나와 같은 시기에 부임했던 한 직원은 그 드링크가 좀 과해서 임기를 채우지 못하고 1년 반 만에 소환되기도 했다. 부끄럽지만 나도 약간 DWD스럽게 운전해 본 적 있음을 고백한다. 다행히 들키지는 않았지만 좌우간 그런 시절도 있었다.

워싱턴 D.C 매사추세츠 애브뉴 우리 대사관 바로 옆에 위치한 일본 대사관에 할당된 기호는 AF, 구소련은 FC이었으므로, 일본 친구들은 동물 농장에서 온 외교관DAF : Diplomat from Animal Farm, 구소련 녀석들은 ×같은 공산주의자 외교관DFC : Diplomat Fucking Communist이라며 낄낄거리곤 했었다. 물론 그 친구들에게 대놓고 그렇게 말한다는 게 아니라 우리끼리 장난삼아 갖다 붙인 농담이다. 90년대 초반 소련이 붕괴되어 국기에서

낫, 망치, 별을 떼 내고 붉은색을 3분의 1로 왕창 줄인 러시아에는 YR로 새 기호를 부여했다. 잘했다 칭찬이라도 하고 싶었던 걸까? Yes, Right(그래, 바로 그거야)! 재기발랄한 시골 향사 돈킴호테는 그렇게 갖다 붙여 본다. 프랑스는 예술인들이 많아서 인가 DJ(Disk Jockey?)로 주어졌다. 북한(워싱턴에 상주 대사관이 있는 건 아니고 뉴욕에 행동반경이 제한된 대표부가 있다.)에 할당된 기호는 DGQ이므로 Dangerous Guys Questionless(명백히 위험한 친구들)라고 하면 될까?

외교관 차량 번호판에서도 냉전은 벌어지고 있었다

그런데 구소련 대사관에 주어진 FC는 결코 우연만은 아닌 듯하다. 이 기호는 레이건 행정부 첫해인 1981년 당시 레이건 대통령의 공보 특별 보좌관이던 다나 로라바커Dana Rohrabacher가 결정했고, 위에서 장난스레 갖다 붙여본 것처럼 FC가 퍽킹 코뮤니즘을 연상하게 하려는 의도가 숨어 있었다는 후문이다.

레이건 행정부에 있어 국제 공산주의는 기필코 없애 버려야 하는 존재였다. 그래서 소련을 '악의 제국'으로 규정하고 전 방위로 몰아붙이던 당시 분위기의 한 단면이라 생각해 볼 수 있겠다. 레이건은 악의 제국과 공존하려는 데탕트 성책은 악을 내버려두는 짓이고, 이는 곧 죄악이라는 생각으로 외교적·군사적 측면뿐 아니라 국가 자원을 총동원하여 압박했었다. 그는 세계 최대의 힘 있고 부자 나라인 미국이 정의감을 가지고 국가 자원을 총동원하면 지구 상에서 국제 공산주의 세력을 끝장낼 수 있다고 자신했었다. 동유럽 공산국과 소련의 해체를 이끌어낸 힘도 이런 정책의 결과라 보아도 좋을 것이다.

자동차 번호판에 관한 사소한 문제인 듯도 하지만, 공산주의를 그렇게도 싫어하던 레이건의 공보 비서가 정한 일이라면 가볍게 흘려버릴 사안이 아니지 않겠는가. 교묘한 유가시중遊街示衆인 셈이다. 유가시중은 범죄인의 목 앞뒤에 죄목을 적어 걸게 하여 길거리로 끌고 다니며 인격에 모독을 가하는 벌罰이다. 당시 공산주의 국가의 한쪽 축이던 중국에서조차 이미 1984년 11월에 기결수든 미결수든 범죄인의 인격을 모독하는 이런 행위를 못하도록 금지령을 내린 바 있다. 그런데도 미국은 소련에 대해 교묘하게 욕을 한 셈인데, 우두머리 공산국가의 외교 사절이 앞뒤로 '퍽킹 코뮤니스트 외교관'이라 써 붙이고 밤낮 돌아다녔다 생각하니 웃음이 절로 나온다. 더구나 당하는 본인은 정작 무슨 뜻인지도 모른 채 좋아라 하고 달고 다녔다면 그야말로 세기적 코미디라 할 수 있지 않겠는가.

다나 로라바커는 1947년생으로, 1970년대 미국 지방 언론 City News Service/Radio News West 기자를 거쳐, 레이건 대통령 후보의 두 차례 선거 운동 기간 모두 공보 비서 역할을 하였다. 그리고 레이건 대통령 재임 중에는 7년간이나 연설문 작성 및 공보 관계 특별 보좌관을 지낸 인물로, 현재 공화당의 영향력 있는 중진 하원 의원(캘리포니아주)이다. 이러한 인물이 결정한 일이라 하니 분명한 의도가 숨겨져 있지 않았는가 싶은 게 사실이다. 설마 한국 대사관 직원들이 음주운전을 곧잘 한다는 것도 미리 알고서 WD로 배정해 준 것은 아닐 테지만 말씀이다.

공관원과 동포사이

보이지 않는 벽, 불가근불가원不可近不可遠

K 군에게 굳이 나를 숨기고자 하는 것은 나의 신분, 그러니까 주 프랑스 대사관에 근무하는 외교관이라는 게 그리 대단한 것이어서 일리는 없다. 그저 이 순간만큼은 한 사람의 자유로운 여행자이고 싶은 마음 때문일 뿐이었다. 그러니까 모처럼 얽매임 없는 여유를 부리고 있는 이번 나들이를 방해받고 싶지 않았다는 말씀인데, 직장을 얘기하다 보면 어쩔 수 없이 공관원과 동포 간에 흐르는 강을 의식하지 않을 수 없을 터이기 때문이었다.

공관원 입장에서는 자신이 동포들 눈에 어떻게 비칠까 하는 걱정이 늘 있다. 이번 경우만 해도, 공관원이 허름한 민박집에 머문다는 일(어쩌면 우리 동포들이 운영하는 민박집 상당수가 무허가 숙박업소인지도 모른다), 그리고 젊지 않은 나이에 청바지와 헐렁한 셔츠 차림에 카메라를 메고 혼자 다니는 모양새 등이 어쩐지 품위 있지 않다고 수군거릴 것 같다는 염려가 있었다. 작은 실수나 무해한 일탈까지도 외교관에게 들이대는 잣대는 인색할 정도로 팍팍한 듯하다 싶어 어쩌다 말실수라도 하게 되면 구설수에 오르기에 십상이라는 막연한 두려움도 있었던 게 사실이다.

외교관이라는 신분은 굳이 숨길 일은 아니다. 한정된 범위의 사람들이 점하는 제법 폼 나 보이는 직업이어서 어느 정도의 선망의 대상이 되는, 특별하다면 특별한 위치에 있는 직군이라 할 수도 있겠다. 하지만 당사자 입장에서는 모양 나는 만큼 모든 면에서 완벽하기를 기대할 것 같다는 부담감을 갖게도 된다. 해외에서 만나게 되는 동포분들 중에는 웬만한 고충이나 심지어 사적인 불편 사항까지도 공관(원)이 해결해 줄 거라 여기는 분들도 적지 않은데, 재량의 범위는 극히 제한적이다. 그리고 외교관도 하나의 생활인이기에 살아가는 과정에서 보통의 직장인들처럼 실수도 하고 더러 넘어지기도 한다. 물론 공무원이고 더구나 외국에서 공무를 수행하는 터라 한층 높은 도덕적 수준을 견지해야 함은 당연한 일이지만 말씀이다.

이민 사회의 그림자

정부 또는 관官에 대한 막연한 불평이나 편견은 국내에서보다 해외 동포들(이민 사회)에 있어 더한 경향이 있는 게 아닌가 한다. 해외 동포는 본국과는 멀리 떨어져 있기에 고국을 바라보는 시각이 좀 더 객관적일 수 있으나 오히려 그 반대일 수도 있다. 이민 후에는 본국의 변화된 환경에 대한 현실감이 떨어질 수밖에 없기에 이민 햇수가 오래인 연령층일수록 본국 정부나 관에 대한 과거의 어두운 모습이 정지 화면처럼 남아 있을 수가 있다. 특히 7, 80년대 이전 이민 길에 오르신 분들에게는 그 시절의 불안정했던 국내 정치 상황이나 사회상이 화석처럼 단단하게 고정되어 있을 수 있어 더 그러하지 않을까 싶다.

지금이야 다르지만, 1980년대까지만 해도 이민 길에 오르는 이들 중 상당수가 정치적으로나 경제적 이유로도 정부를 비난하며 편치 않게 떠난 사람이 많았었다. 80년대 초 미국에 이민 간 내 친구 하나는 송별 술자리에서 시니컬한 어조로 '투표 한번 해 보고 싶어 미국 간다'며 울컥거렸었다. 그 시절 우리나라의 보통 사람들에게는 한동안 투표라는 게 없는 때가 있기는 했었다. 정치 이념이 달라 타국으로 이민한 이들은 물론이고, 돈벌이를 위해 기회의 땅을 찾아 나선 사람들도 이 나라에는 희망이 없다며 조국을 등지는 기분으로 떠나는 경우가 적지 않았었다. 그러하기에 그 무렵의 이민 사회 정서에는 정부에 대한 막연한 반감이 생각보다 크게 자리하고 있었고, 그분들에게 있어 이러한 기분은 세월이 흘러도 크게 달라지지 않은 듯 보인다. 관官에 대한 일반적 시각이 그 시절에는 봉사하기보다 군림하는 계층으로 인식되곤 하였으므로 그리 곱지 않았던 게 사실이다. 이민자가 본국으로 여행하는데도 대사(영사)관에 출두하여 확인을 받아야 입국이 가능했던 어두운 시절이 있기는 하였다.

미리 걱정되는 또 다른 그림자

위와 같은 과거 유산의 부정적 그림자는 이제 거의 사라졌지만, 또 다른 색깔로 밀려들 듯한 그늘을 엉뚱 발랄한 돈킴호테는 미리 걱정한다. 한국 정치판의 이민이다. 우리의 정치판은 여전히 설익은 피자 같고 동포 사회는 동포 사회대로 아직 튼튼한 쟁반을 준비하지는 못한 듯해서다. 정말 걱정이다. 역시 '개선해야 할 폐단과 해결해야 할 부채가 있는 이상 하루라도 지체하는 건 세상에 대한 손실'이라 생각한 돈키호테의 수제자답게 앞질러 염려해 보는 돈킴호테의 애국심이 가상하지 아니한가?

우리네 정치인들은 모두가 투사 같고 보통 사람들조차도 정치에 관해 유별난 관심으로 반응한다. 서울에서 택시를 타다 보면 기사분이나 합승한 사람들 모두 국회 의원 이상으로 달변인 것만 보아도 그런 것 같다. 그런데 이 뜸 들지 않은 정치판이 이미 바다 건너 240만 해외 동포사회 앞마당에 멍석을 깔았다. 2012년 총선부터는 재외국민도 투표권을 행사하게 되었지만, 여기저기서 성숙하지 못한 행태로 인한 잡음이 끊이지 않는다. 물 건너온 한국형 정치판이, 이게 아직은 영 덜 떨어진 구석이 많다는 생각이기에 말이다. 그래서 투·개표상의 절차 등 기술적인 문제보다도 이민 사회가 가지는 정서상의 특성에 따라 야기될 문제들을 좀 더 연구하고 보완해야 할 필요가 있겠다 한다. 물론 동포 사회가 안고 있는 현실적인 문제도 만만치 않기는 하다.

미국의 외교 전문지 포린 폴리시Foreign Policy는 '한국은 의회 난투극 분야에서 세계 최고'라며 '한국 민주주의는 종합 격투기를 통해 이루어진다'고 꼬집은 바 있다. 한발 더 나아가 한국의 국회 의원에 대하여는 '피를 봐야 하는 욕망을 지닌 이들'로까지 묘사하지 않았던가. 지방의회도 질 수 없다. 주민들이 보는 앞에서 멱살잡이 난투극을 벌이는 것쯤이야 다반사다. 조례안 처리를 두고 난투극을 벌이다 대책 회의를 한답시고 심야에 노래방에 모여 술 파티를 벌이고 이를 취재하러 나섰던 기자는 돌아오는 길에 교통사고로 숨지는 일까지 벌어졌었다. 감사 중 휴게실에서 돈내기 바둑판을 벌이는가 하면, 2일간 열릴 회의를 하루에 해치우고 이틀분 수당을 받아 챙기는 몰염치한 짓도 서슴지 않는다.

안에서 새는 바가지 밖에서도 새는 법. 만일 이 한국형 정치판 추태가 해외에서 때마다 주기적으로 연출된다면 정말 가관이지 않겠는가. 해외에서의 선거 운동이나 투개표 과정에서 자칫 과열된 기류가 형성되어 성숙해 가고 있는 우리 동포 사회, 나아가서 나라의 격을 떨어트리는 일이 없기만을 바란다. 이러한 여파가 결국은 해외 공관(원)에게 일차적으로 미치게 될 것이기에 미리 해 보는 걱정이다.

불가근불가원不可近不可遠, 불가근懂 불가원怨

내친김에 외교관들의 재외 공관 근무 중 동포와의 관계에 관해서도 중얼거려 본다. 당연한 이야기이지만, 해외 동포는 본국에서와는 많이 다른 사회의 틀과 분위기 속에서 생활한다. 이질적인 문화와 관습에 적응해야 하는 어려움을 감내해야 하는 것은 물론이고 대부분의 동포들 마음 바닥에는 특별하다 할 외로움을 지닌 채 살아간다. 이러한 아픔 때문인지 동포 사회는 잘 뭉치기도 하고 또 그만큼 잘 분열하기도 한다. 같은 성격의 단체가 비슷비슷한 명칭으로 난립하는 경우야 어렵잖게 볼 수 있고, 한인회조차도 지역에 따라서는 중복되게 운영되는 경우도 있다. 평통위원 선발이나 한인회장 선거철이 되면 본국 정치판 이상으로 소란스러운 과정을 겪는 경우도 허다하다.

이러한 일들은 결국 이민 생활의 활력소가 되기보다는 소모적인 알력 기류를 만들어 내게 되는데, 이렇게 형성된 불협화음이 엉뚱하게도 공관(원)에 영향을 미치기도 한다. 잦은 이합집산 자체가 문제라기보다 더러는 무언가 불평하고 어필할 대상으로 공관(원)이 겨냥되는 수도 있다. 심하게는 공관과 대립각을 세우는 것으로써 좀 더 영향력 있는 동포로 인식되기를 은근히 바라는 경우도 없지 않다 하겠다.

외교관들의 해외 생활도 외로움이란 측면에서는 만만치 않다. 친구, 친지는 물론 때로는 가족과 떨어져 지내야 하는 고충도 있고, 낯설고 물선 땅으로 옮겨 다니며 적응해야 하는 스트레스 또한 적지 않다. 이러한 외로움 때문에라도 동포와 격의 없이 어울리고 싶으나 마냥 그럴 수만도 없다. 괜한 구설수에 오르지나 않을까 하는 염려 때문이다. 모임이나 단체 수가 많은 동포 사회일수록 공관(원)이 자신을 좀 더 알아주기를 바라는 분들이 있게 되고, 그러한 바람이 클수록 공관원의 운신 폭은 좁아진다. 새로 부임하는 대사를 마중 나온 어느 지역 한인회장은 대사가 호의를 무시하고 본인 차 대신 공관 차량을 타고가는 바람에 체면을 구겼다며 첫 만남부터 뒷다리를 잡아대는 어처구니없는 일도 있었다.

동포들의 다양한 요구를 모두 만족하게 할 수는 없는 노릇이고, 그렇다고 자칫 어정쩡하게 처신하였다가는 난처한 입장에 처하기도 한다. 특정 동포나 단체와 가까이 지낸다거나 동포 사회를 외면한다는 원망이 따를 수도 있다. 본국 정부는 멀리 있고 공관은 가까이 있는 유일한 정부 기관이다 보니 다른 불만들까지 뭉뚱그려진 불평의 화살을 총알받이처럼 맞아야 하는 경우도 생긴다. 그러다 보니 공관원들은 동포(사회)에 마음 보따리를 흔쾌히 풀어 놓기를 주저하게 된다. 가능한 조용히 근무 기한을 채우고 떠나는 게 낫겠다는 생각을 하게 될 수도 있는데, 다른 업무적 성과가 있다 하더라도 동포 사회의 구설에 올랐다가는 낭패 보기 십상이기 때문이다.

이러한 이유 등으로 공관원들은 동포 사회에 편하게 나서기를 주저하게 되고 동포와의 교류에 있어 수동적인 자세가 되기 쉬운데, 그렇다고 너무 멀리 서 있을 수도 없다. 꼭 영사 담당이 아니라 할지라도 공관원에게는 자국민 보호의 임무가 있으니 말이다. 편하게 어울릴 수도 없고 그렇다고 소원해지다 보면 엉뚱한 원망이 생겨날 수도 있기에 언행은 늘 조심스러울 수밖에 없다는 얘기로, 공관원 입장에서는 사람을 대할 때 외국인보다도 더 어렵게 생각되는 쪽이 우리 동포라는 두려움을 갖게 되기도 한다.

그래서 외교관들은 재외 동포와는 저마다 요령껏 적절한 거리를 확보함을 상책으로 여기게 되기도 한다. 이러한 연유로 종종 동포(사회)를 멀리도 가까이도 할 수 없는 '불가근불가원不可近不可遠'의 존재로 이야기한다. 슬픈 현상이지만 사실이다. 시골 향사 돈킴호테는 불가근近 불가원遠의 대상으로서가 아니라 근심도 원망도 갖지 않도록 하는 '불가근慬 불가원怨' 관계가 되도록 하는 방법은 없을까 궁리해 보기도 하지만 뾰쪽한 해결책은 없다. 그저 서로가 상대방을 이해하려는 자세, 역지사지易地思之의 자세로 상대를 바라보는 시각을 다듬는 노력이 필요할 것 같다는 생각에서 늘어놓아 보는 사설私說이다.

명함유감

위와 같이 간단치 않은 입장에서 벗어날 수 없는 처지이기에 오가다 어울린 여행객들 사이에서 더구나 허름한 민박집에서 우연히 만난 동포에게 '나는 외교관이요' 하고 선뜻 말하는 일은 쉽지 않다. 나의 찬란한 소심증이 덜덜대며 조언해 준 바로는 혹시 거들먹거리는 것으로 보이지나 않을까, 또는 호기심 어린 질문 때문에 괜한 말실수나 하게 되지 않을까 염려되니 조심하는 게 좋겠다는 것이었다.

그러다 보니 대화는 책잡히지 않을 만큼의 선에서 맴돈다. 처음부터 가슴을 여는 대화는 기대하기 어렵고 표현을 골라 쓰지 않으면 자칫 어색한 분위기가 되고 말 거라는 걱정에 나는 신분을 어물쩍 숨기기로 했었다. 이런 이유로 집을 나설 때 명함은 의식적으로 지갑에서 빼놓았었다. 이번 여정은 오로지 내 마음과 벗하며 혼자 어정거려 보는 고독한 소풍으로 처음부터 작정하고 있었던 거다. 사람 만남을 기피하는 건 아니지만, 상대방의 직업이나 사회적 지위 등의 신분 정도에 따라 인간관계 형성이 달라지는 모습에서 잠시나마 벗어나 있고 싶은 마음 때문이었다.

그러잖아도 명함이라는 녀석에 대한 평소 감정은 별로다. 생김새부터가 탐탁지 않다. 요즈음 상당히 다양화되었다고는 하나 대개 비슷비슷하게 생겼는데, 우선 눈썹과 이마부터가 밥맛이다. 대부분이 상단 첫머리에 직장 이름부터 굵고 큼지막하게 박아 머리띠처럼 질끈 두르고 있는 모양이 순악질 여사의 일자 눈썹 같기도 하고, 그녀가 든 야구방망이처럼 여겨지기도 한다. 위압적으로 가로놓인 방망이 좌측에는 선명하게 도안된 직장 로고가 암행어사 마패라도 되는 양 정권을 불쑥 내밀고 있기 마련이다. '까불지 마, 나 이런 사람이야!' 하고 겁주는 듯하다. 눈, 코 부분은 늘 어정쩡하고, 중요하다 할 자기 이름은 회사명보다 한참 작게 그려서 어중간한 위치에 서성이게 해 놓고 있다. 하관은 빠르고 입술도 빈약하다. 요긴한 사항인 연락처는 더 작게 하단 구석에 밀쳐놓아 꼬무락거린다. 가슴은 없고 머리통만 커다란 외계인을 떠올리게도 한다.

생김새뿐 아니라 오가는 모양새도 가관이다. 공손히 주고받는 듯 보이나 그렇지않은 경우가 많다. 때로는 일지매가 던지는 수리검이거나 소리 없이 사르르 날아와 박히는 표창 같아 보이기도 한다. 탐색 펀치가 오가듯 후다닥 교환이 이루어지고 나면 상대가 무슨 직장의 얼마만 한 영향력을 가진 위치에 있는지부터 재빨리 파악하여 서로의 존재 크기를 확정 짓는다. 그런 다음 서로가 알아서 긴다. 어느 정도의 경어 또는 낮춤말을 쓰는 게 좋을지 어떤 화제는 많이 띄우고 어떤 언급은 피하는 게 좋을지까지를 순식간에 정하고 상대로부터 무엇을 얼마만큼 얻을 수 있는지를 신속히 계산하며 그에 맞추어 처신하게 마련이다.

마치 싸움소 뿔싸움 할 때처럼, 씩씩대며 우두둑 달려들어 뿔을 쾅 부딪치고서 어느 놈 뿔이 더 크고 단단한지를 파악한 다음 그에 맞추어 기는 것처럼 말이다. 힘이 부친다고 생각한 쪽은 겁을 먹어 단번에 꼬리를 내리고, 센 놈은 기회를 놓치지 않고 재돌진하여 기선을 제압해 버리듯 명함 교환 행위가 유치하게 생각될 때가 많다. 현대인들은 그만큼이나 교활해져 있다. 이처럼 과시용이나 잘못된 존재 확인 수단으로 이용되는 물건이거나, 사람의 향기 같은 건 맡아 볼 여유도 없이 한 인격을 손바닥의 반도 안 되는 사각 틀 안에 가두어 버리곤 하는 도구인가 싶기에 시골향사 돈킴호테는 업무상 만나는 경우가 아니라면 명함 건네기를 그리 즐기지 않는다.

들통

순진한 유학생을 모셔 놓고 차량 번호판, 이민 사회 얘기에 명함 타령까지 두서없는 사설私說이 길었다. 꽃밭으로 출발도 하기 전에 덤불 밭에서 너무 엳걸음질만 했다 싶으나, 공관원과 동포와의 관계가 그리 단순하지만은 않다는 뜻으로 늘어놓아 본 독백이다. 어쨌든 나는 K군을 눈속임할 요량으로 소매치기단 바람잡이처럼 주의를 산만하게 한 뒤 얼렁뚱땅 시동을 걸었던 것이고, 작전은 제법 성공리에 마무리되는 듯하였다. 그래서 이제 마음을 놓으려던 참이었는데 아뿔싸, 실은 그게 아니었다.

영문도 모른 채 이상한 소용돌이에 휘말린 로시난테가 주차장을 빠져나오자마자 눈치 빠른 이 젊은 유학생이 정곡을 찔러 왔다.

"선생님, 그런데, 차 번호판이 이상하네요? 혹시 대사관님이세요?"

대사관에는 직원 각자의 직책과 업무에 따라 대사, 공사,

영사 등으로 불리는 호칭(대외 직명)이 있다. 그러나 많은 사람들이 외교 공관의 조직 체계에 익숙지 않아 대사관 직원이면 그냥 대사관님 또는 영사관님이라 부르는 경우도 있는데, 영사가 공관장인 대사보다 상위의 직책으로 알고 있는 분들도 있다. 아차 싶었다. 나는 보지 못했을 것으로 여겼는데 어느새 그는 눈치를 채고 말았나 보다. 역시 박사 과정 학생이라 머리가 좋은 모양이다.

아무튼, 그렇게 직접적인 질문을 받았으니 대답을 하지 않을 수 없는데 사실대로 실토하는 수밖에 없었다.

"아, 예, 맞아요. 실은 파리에 있는 우리 대사관에서 근무하고 있는데, 이런 여행지에서 얘기하다 보면 자칫 빼기는 것으로 보이거나 서먹한 분위기가 될 수도 있을 것 같아 그냥 대충 얘기한 것뿐입니다. 미안합니다, 기분 나빠하지 않았으면 합니다."

졸지에 선심 쓰고 용서를 비는 우스꽝스러운 신세가 되었다. K 군은 예상 밖이라는 듯 놀라는 표정이 되더니 정색하고 말한다. 꼭 민정 시찰을 위해 변장하고 달동네나 재래시장을 둘러본 아주 높은 사람이라도 되는 양 추켜세운 뒤, '아, 존경스럽습니다. 민박집에서 우리 같은 사람들과 어울리시려고 어찌 신분을 숨기시면서까지!' 하며 사뭇 대단해 한다. 참 멋쩍다. 잔머리 굴려 꼼수를 부렸던 짓인데 오히려 큰일이나 한 사람인 듯 칭찬받다니 머쓱한 기분이 되어 도망이라도 치고 싶었다. 존 경 은 무 슨.

어색한 순간에는 일정 부분 근육이 균형을 잃는지 액셀러레이터에 올려놓고 있는 오른발에 자신도 모르게 힘이 가해지고 '부웅~' 소리와 함께 속도계 바늘이 휘청한다. 졸지에 이유 모를 헛기침을 한 로시난테는 놀라 비틀거리다 겨우 균형을 잡는다. 나는 민망스런 마음에 눈길을 차창 저 멀리 던진다. 어제보다 더 화창한 아침이다. 뭉게구름은 두둥실 달콤한 솜사탕을 만들어내고 있고, 산들바람은 가벼운 깃털이 되어 초록빛 소복한 밀밭을 부드럽게 어우르고 있었다. 속 모르는 해님은 재미난 구경거리라도 만난 듯 차창 너머에서 연신 빙긋거린다.

꽃, 꽃, 꽃동네 쾨켄호프 Keukenhof

꽃밭, 그리고 사소한 갈등

민박집을 나선 지 한 시간쯤 지나 쾨켄호프에 도착했다. 공원이 가까워지자 도로변까지 진출해 분주히 움직이고 있는 안내원들의 손짓에 따라 넓은 잔디밭으로 이루어진 공터로 방향을 잡는다. 주차장 입구에서는 완장을 두른 여러 명의 안내원이 승용차와 관광버스를 구분하여 진입 방향과 주차 요령을 설명한다. 착한 동반자 K 군이 '역시 유명 관광지라 그런지 참 친절하네요. 저렇게 땡볕 아래서 수고해 주니.' 하며 감탄한다. 밀려드는 방문객과 차량들을 향해 열심히 팔을 휘젓고 있는 주차 안내원을 두고 하는 말이었다. 나도 틀린 말은 아니다 싶어 고개를 끄덕여 주었다. 나중에

쾨켄호프 공원 안내도

알고 보니 다른 뜻도 있었지 싶지만 말이다.

쾨켄호프 공원 입장권

좌우간 주차 공간은 매우 넓었다. 승용차 몇천 대는 족히 세울 수 있을 듯한 크기로 북적대는 모양이 마치 큰 운동 경기가 열리는 스타디움 주변을 연상케 하고 있었다. 아직은 아침나절이라 공간이 많았기에 우리도 적당한 곳에 대충 멈추어 섰다. 워낙 넓은 곳이라 매표소까지는 한참을 걸어야 했다.

공원 입장료는 13.50유로, 주차비는 6유로라 한다. 다시 8유로인 루브르 박물관 입장료가 생각나고 또 사소한 번뇌가 인다. 들어올 때 보니 특별한 주차권 수납 장치는 보이지 않던데, 이렇게 하면 주차료를 냈는지 안 냈는지 어떻게 알까 싶다. 관광버스를 타고 온 사람들인지는 모르나 많은 사람들이 공원 입장표만 사고 있었기 때문이기도 했는데, 우리도 거기에 묻어 주차권은 빼고 입장표만 구입하여 슬쩍 넘어가도 상관없겠다 싶은 사특한 마음이 설핏 스쳤지만 이내 고개를 흔들었다. 천하의 편력 기사 돈키호테가 그럴 수야 없지.

한 가지 부끄러운 고백을 하지 않을 수 없는데, K 군이 자기 입장권은 본인이 사기를 바랐으면서도 입으로는 '어른 둘, 그리고 주차권 한 장' 하고 호기롭게 외쳤었다. 곧 그가 '제 입장료는 제가 낼게요.' 하며 동전을 내밀었는데, 속으로는 '당연히 그래야지.' 하면서도 나는 작은 허세를 부리고 있었던 거다. 본심과는 달리 그의 입장료까지 부담할 듯 제스처를 하다니 나는 스스로에게 거짓말을 하고 있었던 셈이었다.

서울의 흔한 머슴아들 사이에서 흔히 볼 수 있듯 밥값, 술값을 다른 사람이 내주기를 바라면서도 계산대 앞으로 다가가 괜스레 지갑 여는 시늉하던 버릇이 물들어 있어서 일 게다. 이러한 허세는 세계 민족 중에서도 우리네가 참 유별난 것 같은데, 속히 고쳐야 할 풍토병이라 성토하면서도 쉽게 개선되지 않는 것 중 하나다. 어서 공원으로 들어가 정직하여 더욱 아름다운 꽃들과 마주하며 어지러운 내 마음을 정화해야지. 속으로 씁쓸한 웃음이 일었지만, 다행히 K 군은 눈치채지는 못한 것 같아 그나마 안심이었다.

꽃, 사람
혹은 카메라

공원으로 들어서자 화려한 튤립을 중심으로 형형색색의 꽃들이 고혹적인 자태를 뽐내며 반긴다. 빨강, 노랑, 분홍, 자주색… 튤립의 종류가 이리도 갖가지였던가? 저마다 곱게 단장하고 경쟁이라도 하듯 밝은 표정으로 방긋거린다. 신선한 아침 공기와 어우러진 꽃향기가 무지개처럼 피어나고, 눈 부신 햇살은 넘치는 환희로 꽃잎들을 어루만진다. 벌과 나비들은 꽃과 꽃 사이를 넘나들며 춤추고 노래한다. 천상의 화원이라고나 하면 될까, 보고만 있기에는 아깝다는 생각에 얼른 어깨에 멘 카메라 가방을 내린다. 사진 찍기에는 동행자가 필요치 않다. 넘치는 감흥을 온전히 껴안기에는 혼자가 오롯하다. 취한 듯 허둥대는 나를 멍하니 바라보는 K 군을 돌아보며 '나는 사진도 좀 찍고 할 테니까, 서로 편하게 돌아다니다가 2시간쯤 뒤 이 자리에서 다시 만나기로 합시다.' 하고 한시적 결별을 선언하였다.

다시 자유로워진 나는 벌처럼, 때로는 나비처럼 카메라를 겨누며 꽃길을 걷는다. 꿀을 나르던 벌들이 웅웅웅 날아와 신기한 듯 렌즈 속을 들여다보곤 한다. 꽃잎 같은 나비들이 패션모델처럼 사뿐사뿐 나래 짓 하며 예쁜 모습을 자랑한다.

나무들은 한 아름 가득 신선한 공기를 안고 있었고, 풀잎마다에 맺힌 아침 이슬은 영롱한 보석처럼 반짝이고 있었다. 눈부시게 쏟아져 내리는 아침 햇살을 온몸으로 맞으며 튤립은 튤립대로 진달래는 진달래대로 저마다 고운 자태를 뽐낸다. 나는 그들 속에 묻혀 벌이 되고 나비가 되어 함께 너풀대며 차츰 신선이 되어가고 있었다. 머리며 가슴을 짓누르고 있던 이런저런 시름들은 연기처럼 사그라져 버린다.

'꽃이 지구의 얼굴을 바꾸었다'고한 자연주의자가 인류학자이기도한 로렌 아이슬리Loren C. Eiseley란 양반이었던가?

치유다. 헤르만 헤세가 어느 여성에게 보낸 편지에서 '자연의 순진무구함과 몇 가지 색깔의 떨림은 무겁고 문제적인 삶의 한가운데에서도 언제나 다시 믿음과 자유를 우리 마음속에 만들어 줄 수 있다'고 토로한 심경을 헤아린다. 바로 여기가 '모든 썩어 가는 것들에 대항해서 깨끗한 공기를 마시기 위해 매번 투쟁하지 않으면 안 된다'며 '그러한 세상과의 결별'을 시도하던 헤세가 가꾸어 놓은 꽃밭인가 한다. 아르카디아Arcadia 인가? 축복과 풍요가 넘치는 낙원처럼 느껴진다. 자연이 빚어낸 가장 멋진 선물이라는 꽃들을 바라보기만 할 뿐, 나로서 더는 이 아름다운 정경을 묘사할 마땅한 단어나 문장을 찾아낼 재주가 없다.

사람이 꽃이고 꽃이 사람일 정도로 아름다운 곳이어서 이 꽃밭 나들이는 글자 그대로 꽃놀이이고 신선놀음인가 한다. 이 꽃 천지, 꽃 공원의 아름다움은 나의 남은 생애 내내 가슴에 그려지고 망막에 새겨져 시들지 않을 터였다. 정해진 시간 동안 각자 돌아다니기로 한 K 군과는 중간에 서너 번 조우하기도 하였다. 그때마다 나는 기념사진을 박아 주기도 하면서 취한 사람처럼 '좋지요? 좋지요?' 하였다. 그리하면 그 친구는 외마디 소리로 그저 '예, 예' 할 뿐이었다.

튤립Tulip

튤립은 터키의 콘스탄티노플에서 왔다. 꽃 모양이 회교도들이 머리에 두르는 터번을 닮았다 하여 튤립이라 이름 지어졌다 하는데, 지중해나 소아시아 지역에서 자생하는 친구들이었다. 낮 동안에는 활짝 피었다가 저녁에는 오므리고 다음 날 아침에 다시 피며 흐린 날에는 꽃잎을 반 정도만 열 정도로 예민하다. 화병에 꺾꽂이해 놓아도 아침 저녁으로 피고 지며 키가 자라기도 한다. 종류도 100여 종이나 되고 생장할 수 있는 환경도 까다로울 정도로 태생부터가 예민한 녀석이다. 그런 만큼 고상한 전설도 지녔다.

옛날 어느 마을에 귀엽고 아름다운 소녀가 살았다. 워낙 예뻐서 왕자, 기사 그리고 상인이 각각 왕관, 검과 금괴를 가져와 청혼하였다. 그러나 그 소녀는 어느 한쪽만을 선택할 수 없어 고민하다가 꽃의 여신 플로라에게 간청하여 한 떨기 꽃으로 변신해 버리고 말았다. 그래서 꽃봉오리는 왕관, 꽃잎은 검, 구근은 금괴의 모양을 하고 있다 하고, 꽃의 색상도 다양하고 꽃말 또한 여러 가지이다. 빨간색 튤립은 사랑의 정열적인 고백, 노랑은 헛된 사랑, 흰색은 실연, 자색은 영원한 사랑

등 종잡을 수없을 정도이다. 선명하고 화려한 원색과 함께 꽃색으로서는 드문 흑자색Queen of the Night, 보라색Dorry Overall 튤립도 있다.

튤립은 파종한 뿌리에서 예상 밖의 꽃이 피어나기도 할 만큼 변덕쟁이 이기도하다. 단일 색상의 꽃만을 피게 하던 튤립 뿌리가 갑자기 알록달록 비정상적인 무늬나 여러 가지 색깔이 엇갈린 꽃을 피우게 하는 일이 벌어지기도 하는데 이러한 희귀종은 한때 매우 비싸게 거래되곤 하였다. 이의 원인은 바이러스에 감염된 결과임이 나중에 밝혀지고 이 바이러스는 튤립 브레이킹 바이러스라 명명되었다. 월나라 서시처럼 아파서 더 매력적인 존재가 된 거다. 터키에서 처음 발견되었을 때는 꽃잎 끝이 뾰족하였으나 유럽에서 육종 개발되어 지금의 둥근 꽃잎이 나왔고, 보통은 6장이나 작약 꽃과 비슷한 겹꽃잎도 있다.

이 나라 살림에 보탬이 되는 효녀 노릇을 톡톡히 하고 있는 튤립이 네덜란드에 입양된 때는 1593년 무렵이다. 불꽃 튀기는 조총 탄알이 어지럽게 날아들며 조선이 처참히 유린된 임진왜란 발발 다음 해였다. 우리는 그렇게 왜적들의 화약 '불꽃놀이'로 아수라장이 되어 있을 때 이곳에서는 화려한 '꽃놀이'가 벌어지고 있었던 거다. 개인이나 국가나 식물도 이웃을 잘 만나야 하나 보다. 튤립은 배수가 잘되고 기름진 토양을 좋아하는 녀석인데 물이 많기도 하지만 잘 빠지고 서늘한 기후를 가진 네덜란드에 시집와서 고향 터키에서보다 더 화사하고 폼 나게 자라고 있다. 꽃이 더 꽃다워진 셈인데 여하튼 이웃도 잘 만나고 시집도 잘 가고 볼 일이다.

형형색색 수놓아진 꽃 마당을 보듬고 있는 울타리 너머로는 펀펀하게 드넓은 튤립 농장이 펼쳐진다. 이미 수확이 이루어진 후여서 사진에서 흔히 보던 장관은 사라졌지만, 아직 거

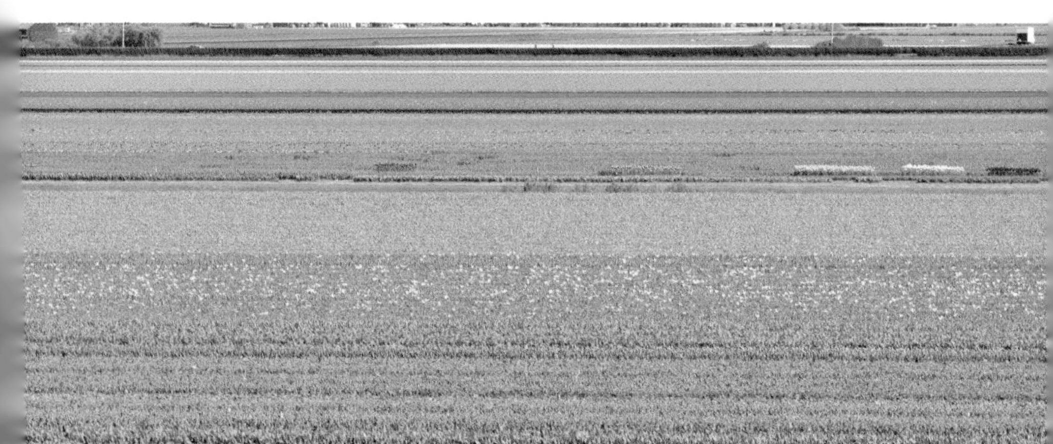

두어들이지 않은 몇 무리 꽃들이 군데군데 편한 모습으로 앉아 있다. 사실 여기로 향할 때는 울타리 안에 화분처럼 담긴 꽃송이들이 아니라 넓게 들판을 메우고 있는 대규모 튤립 군락지를 보게 될 거라 기대 했었는데 아쉬움이 남는다.

해어화解語花

꽃향기에 취해 조금 더 안쪽으로 공원을 파고드는데, 전통 의상을 걸치고 삼삼오오 나들이 나온 사람들의 이채로운 모습이 여기저기 눈에 띈다. 화려한 의상과 장신구가 아름다운 꽃들과 멋지게 어우러진다. 얼핏 보기에 효도 관광이라도 오셨나 싶은 모습들이나 어쩌면 공원 측에서 정책적으로 배치한 분들이 아닌가 하는 생각이 든다. 한결같이 곱기는 하나 엇비슷한 연령대의 아주머니들이 대부분이고, 여행객들에서 흔히 볼 수 있는 카메라나 핸드백 등은 지니지 않은 가벼운 차림새여서 인근 주민들인 듯 여겨지기 때문이다. 눈 밝은 니코르 렌즈가 이를 놓칠 리 없다.

용감무쌍한 돈킴호테는 그중 한 아주머니에게로 성큼 다가갔다. 일단 옷이 참 예쁘다 칭찬부터 하며 한 대 쥐어박힐 각오를 하고 슬그머니 카메라를 들이댄다. 그런데 뜻밖이었다. 아주머니는 그럴 줄 알았다는 듯 흔쾌히 포즈를 취한다. 그뿐만 아니었다. 주섬주섬 치마를 걷어 올리더니 속옷까지 보여주며 기꺼이 촬영하라 한다. 아, 속옷까지라니! 불원천리 단숨에 먼 길 달려온 내가 너무도 멋져 보였나 보다. 그렇다면, 편력 기사 돈킴호테가 기사도 정신을 저버릴 수 없지! 아주머니들 마음이 변할까 봐 고맙다 인사할 여유도 없이 잽싸게 셔터를 누른다.

고마운 마음이었다. 예상치 않은 흔쾌한 태도에 혹시나 팁을 바라는 건 아닐까 싶어 주머니를 뒤져 잔돈을 꺼내 들었더니 질색을 하며 손을 내젓는다. 아무래도 공원이나 마을 측에서 관광객을 더 많이 유치하려는 의도가 깔린 것 같다는 생각이 다시 들었지만, 확인해 볼 생각은 없다. 아무려면 어떠한가? 즐겁게 보고 기쁜 마음으로 즐기면 될 일 아닌가 싶었다. 튤립 꽃잎처럼 여러 겹 겹쳐진 전통 의상의 아주머니와 모자에 꽃을 꽂기도 한 아저씨들 모두 그대로 화사하고 밝은 한 송이의 꽃이었다. 연세 지긋한 '해어화'라고나 할까.

햇볕 잘 드는 길목의 벤치에는 인자해 보이는 노부부가 다정스레 앉아 오가는 사람들에게 인사를 건네며 사진 촬영에

응하기도 하였는데 참으로 여유롭고 편안해 보인다. 나도 저리 고운 모양으로 늙어 갈 수 있을는지, 아니 그렇게 곱게 늙어야지 하는 마음이 절로 들게 한다.

둥글게
둥글게

지났던 길을 되 걷기도 하면서 꽃들과 노닐다가 광장 귀퉁이에 서 있는 모형 풍차 전망대에 올랐다. 풍차라면 이제 그다지 궁금한 게 없었지만, 좀 더 높은 곳에서 넓은 각도로 공원을 조망해 보고 싶어서였다. 여기는 풍차가 마른 마당에서 돌아가나 보다. 물이나 방앗간 시설은 없다. 마침 정오가 되자 발아래 운동장에서 민속춤을 선보이는 놀이 한마당이 펼쳐진다. 둥글게 둥글게, 춤추고 손뼉 치고 노래하며 빙글빙글… 모두들 어린아이처럼 즐겁다. 전통 복장에 꽃 꽂은 모자를 쓰고 흥겹게 돌아가는 군무는 나를 보고 어서 내려오라 손짓한다. 마음은 기꺼이 마당으로 내려보내고 몸은 난간에 기대어 서서 춤추듯 렌즈를 돌려가며 춤판 모습을 담는다. 한참을 그렇게 넋 잃고 내려다보고 있었다. 소풍이다. 참 밝고 유쾌한 소풍이다.

꿈결인 양 시간 가는 줄 모르며 꽃밭 나들이와 흥겨운 춤에 취하다 보니 어느새 K 군과 만나기로 한 시각이 훌쩍 지났다. 시간을 어겼다는 미안함이 일었으나 얼른 자리를 뜨지 못한다. 이어지는 춤판이 끝날 듯 다시 이어지곤 하며 쉬이 놓아 주지 않아서다. 마치 내가 발길을 돌리면 흥겹게 돌아가고 있는 춤 잔치가 시들어 버릴지도 모른다는 생각마저 들게 한다. 신바람 난 춤사위와 구경꾼들의 환호는 그칠 줄 모르고 이어지고 또 이어진다. 나도 그대열에 들어 함께 덩실거리고 싶다. 하지만 약속 시각에 너무 늦지는 말자하고 천천히 일어선다. 박수 소리가 들릴 때마다 자주 춤판을 뒤돌아보며 마지못해 출구 쪽으로 향한다.

K 군을 만나러 가는 도중에 새빨간 허풍쟁이 괴물 벽을 만났다. 이 아름다운 꽃밭에 웬 느닷없는 적병인가 흠칫하였으나 자세히 보니 깡통들이다. 빈 콜라 깡통들이 왕창 모여 서로 딛고 올라서며 텀블링을 하고 있다. 이 녀석들은 하필이면 왜 이런 데서 운동회를 하고 있지? 해수욕장이나 디즈니랜드라면 몰라도. 빨강 투성이 색상이 얼핏 튤립과 어우러진다 싶기도 하나, 아니다. 콜라에서 미국의 상업성이 먼저 떠올라 꽃향기 가득한 이 화원과는 따로 노는 느낌이다. 이런! 내가 아니라 이 친구들이 돈키호테 같은 녀석이구나. 너희들도 나처럼 참 웃기고 있다 싶어 즉석에서 작명하여 하사한다. '콜라호테' 그러나 눈웃음치며 두 줄 송판에 매달려 있는 전등 모양이 애교스럽기도 하여 한 컷 담는다. 그러고 나서야 인파를 헤치며 약속 장소에 다다르니 그가 콜라 깡통 벽에 세워진 판자마냥 우두커니 서서 사방을 두리번거리고 있었다.

반 시간도 더 늦었음에도 K 군의 얼굴에서 짜증스런 표정은 읽을 수 없었다. 하지만 약속을 어기게 되어 미안키도 하고 마침 출출한 시각이었으므로 햄버거 가게로 그의 소매를 끌었다. 그가 반은 자기가 내겠노라 하였지만, 흔쾌히 내가 지불하였다. 입장료는 그렇다 치고 음식값을 나누어 낸다는 것이 내게는, 아니 우리나라의 흔한 머슴아들에게는 아직 익숙지 않다. 서양에서는 당연한 듯 센트 단위까지 나누어 계산하는 모습을 흔히 본다. 친구의 생일잔치 자리에서도 재미나게 놀다 일어설 때는 망설임 없이 나누기 뺄셈을 해 가며 각자 계산하는 상황을 겪기도 했다. 그러나 우리네는 다르다. 만난 지 몇 시간 되지 않은 친구일지라도 간편한 점심값까지 나누어 계산하기에는 여전히 어색하다. 한쪽은 버젓한 어른이고 한쪽은 아직 학생 신분인 경우라면 더욱 그러하다. 어쨌든 우리는 그렇게 햄버거로 꽃밭 식사를 마치고 마시다 남은 음료수를 각자 들고 일어섰다.

자동차
수색 작전

밖으로 나와서 보니 도착했을 때보다 주차장이 한층 더 넓어 보인다. 그래서 반 시간 넘게 보물찾기라도 하듯 이리저리 수색 작전을 펼쳐야만 했다. 주차장 가장자리에 위치를 표시하는 말뚝들이 박혀 있는 게 보였지만, 세울 때 눈여겨보지 않았던 게 실수였다. 그러고 보니 나는 자주 그런 식이다. 공항이나 백화점 등지에서 별생각 없이 차를 세워 두고 떠날 때 돌아와서는 여기던가 저기던가 하면서 허둥거린 적이 여러 번이다. 특별한 경우 외에는 꼼꼼하지 못한 성격 탓인데, 고쳐야지 하면서도 쉬이 길들여지지 않는 바보 같은 습관이다. 이번에도 같은 실수를 저지른 거다. 대책 없이 땡볕에 누워 있을 불쌍한 로시난테를 찾아 둘이서 함께 때로는 각각 사방을 헤매며 공동 수색 작전을 펴다가, 이러다 사람까지 놓치면 안 된다 하고 서로가 가끔씩 팔을 들어 어디쯤을 걷고 있는지 알려가며 움직이자며 행동 수칙도 정해야 했다. 그만큼 그곳은 넓었다.

주차 시에는 아직 공간이 넉넉하기도 했지만, 우리의 로시난테는 번호판이 눈에 잘 띄는 모양을 하고 있으니 찾는 데 어렵지 않을 거라 자신하고 안이하게 생각했던 것이 문제였다. 역시 나 위주의 생각이었다 싶은데, 천여 대가 넘어 보이는 차들이 비슷비슷한 모양으로 벌판을 꽉 메워버린 상태에서 번호판만 보고 찾아낸다는 게 쉽지가 않았다. 한낮이라 점점 따가워지는 햇볕을 맞으며 헤매다 보니 짜증이 밀려왔다. 다리도 좀 쉴 겸 잠시 숨을 고르는 기분으로 콧잔등과 주둥이를 마주하고 널브러져 있는 차들 모양을 렌즈에 담아보는데, 그제야 K 군이 '찾았습니다아~!' 심마니처럼 외치는 소리가 멀리서 들려온다.

가여운 로시난테는 세웠을 거라 어렴풋 짐작했던 위치에서 한참이나 먼 곳에 엎어져 있었다. 튤립만큼이나 촘촘히 자리한 자동차 밭을 곡예 하듯 헤집고 넘어가 리모컨을 누른다. 아직 그리 더운 날씨는 아니었지만 해가 높아지며 내리쏘는 직사광선의 심술이 만만치 않다. 탁해진 공기를 바꾸느라 네 문짝을 활짝 열어젖히고 내부가 좀 시원해지기를 기다리는 동안 가방을 뒤져 한 대 꺼내 문다. 길게 내뿜은 담배 연기가 빽빽한 차량 더미 탓에 모락거리던 현기증과 함께 느릿하게 흩어진다. 열기가 좀 가시자 각자 좌우에서 엉덩이를 밀어 넣고 안전벨트를 채웠다. 이제 더는 눈속임으로 옆 좌석 문을

열어주는 따위의 수고는 할 필요가 없었다. 비밀 없음의 편안을 새삼 느낀다. 자, 다시 전진이다.

K와의 작별
- 로테르담Rotterdam

"나는 로테르담 시내를 잠깐 둘러보고, 킨데르데이크로 갔다가 고흐 생가를 훑어본 다음 곧장 파리로 갈 거요. 로테르담에는 큐빅 하우스 등 기하학적으로 기묘한 건축물이 있다기에 한두 컷 담아 보고자 함이요. 그리고 브뤼셀과는 멀지만, 벨기에를 거치게 되니까 원하는 곳까지 태워 주겠소."

K 군을 옆에 앉히고 출발했지만, 어디까지 같이 움직일지 정한 상태는 아니었다. 그래서 시골 길을 벗어나 본격적인 주행 태세가 되자 말을 꺼냈다. 그는 한참을 생각하더니 로테르담에서 내려달라 한다. 거기서 브뤼셀까지는 기차를 타겠단다. 내심 다행이다 싶었다. 그사이 제법 친해진 상태라 좀 더 동행하는 것이 그리 힘든 건 아니었으나, 아무래도 돈킴호테

본래의 원족 행사를 오롯이 즐기기에는 역시 혼자가 홀가분할 것 같아서였다. 다시 근엄해진 돈킴호테는 엉큼하게도 눈치채지 못할 정도의 약간 가라앉은 목소리로 '정 그렇다면 그리하시라'며 제법 아쉬워하는 말투로 윤허한다.

그 후로는 두 사람 모두 별말 없이 입을 다문 채 한 시간쯤 더 달려 로테르담에 도달했다. 예정대로 큐빅 하우스란 게 어떻게 생겨 먹은 녀석인지 알현하여 볼까 하였으나 곧 마음이 달라졌다. 튤립 꽃밭에서 그리고 넓은 주차장을 헤매며 동당댔던 피로가 한꺼번에 밀려와 나른하기도 하지만 정확한 주소도 없이 그 건물을 단박에 찾아내기 쉽지 않겠다 싶어 다음 행선지로 내처 가야지 하였다. 낯선 도시를 헤매다가 건물 사진 한 장 달랑 찍고 시간을 버리는 것보다는 킨데르데이크의 풍차 모습이 더 궁금했던 건데, 틀림없이 그 풍차들이 이 몸을 많이 기다리고 있을 것 같다는 생각마저 들었다.

로테르담의 중앙역이 위치한 쪽의 건물

빨리 가서 멋지게 한판 붙어야지!

시골향사 돈킴호테의 마음이 참 간사하다. 로테르담을 건너뛸 거면 K 군을 위해 기차역 찾는다고 어물거릴 게 아니라 그냥 적당한 곳에 내려주고 가면 될 게 아닌가 하는 치사한 생각이 설핏 고개를 든다. 물론 생각일 뿐 입 밖에 낸 건 아니었다. 하지만 그렇게 마음먹은 것만으로도 그가 나의 의중을 눈치챈 건 아닌가 불안해졌다. 도둑이 제 발 저리는 법이라 슬그머니 그의 눈치를 살피니 그는 당연히 기차역까지 데려다 주겠지 하는 얼굴이다. 재빨리 다시 마음보를 고친다. 그래, 선심 쓰는 김에 끝까지 봉사하자. 킨데르데이크 풍차들이 눈 빠지게 나를 기다리고 있다 생각하니 조급한 마음이 되긴 하지만, 이왕 이렇게 된 마당에 끝까지 맘씨 좋은 아저씨가 되자고 마음을 고쳐먹었다. 몇 번인가 멈춰 서가며 행인들을 잡고 방향을 물어야 하는 불편이 있었으나 끝내 내색지 아니하고 어찌어찌 중앙역을 찾아냈다.

"함께해서 아~주 즐거웠습니다."

드디어 K 군을 내려주고는 작별 인사를 한다. '아~주'라고 한 건 사실 아주 과장된 표현이었지만, 그다음의 '건투를 빕니다. 인연이 닿으면 또 만나겠지요.'라고 한 말은 진심이었다. 불과 몇 시간 동안이었지만 그사이 제법 정이 들었던 게 사실이었다. 그래서 작별의 아쉬움이 전혀 없는 건 아니었던지라 악수를 하였던 손을 들어 여러 번 흔들어 전송한다. 작별의 아쉬움을 담아 두손 흔들며 전송한다. 그가 저만치 멀어진 뒤 중앙역이 위치한 건물 모양을 배경으로 한 컷 챙기고는 다시 로시난테의 등에 올랐다. 잠시간 잃어버렸던 자유를 새로 찾은 기분이 되었다.

또 다른 풍차 군단
킨데르데이크

킨데르데이크Kinderdijk에서의 모험

킨데르데이크 가는 길

로테르담에서 한 시간쯤 달려 라인 강 하구의 킨데르데이크 지역에 들어섰으나 풍차들은 얼른 마중 나와 주지 않는다. 이제나저제나 하고 제법 너른 강폭을 두른 방축 길을 한참 더 따라가 보지만 여전히 푸른 강물만 굽이칠 뿐이다. 생각보다 시간이 걸린다 싶어 불안한 마음이 되어 가나 좁은 외길이라 달리 방향을 틀 수 있는 상황도 아니다. 별 수 없이 그대로 나아가 보는데 그제야 자그마한 마을이 등장하기에 여기 어딘가 보다 하였다. 그러나 거기에도 풍차는 보이지 않아 다시 마음을 졸인다. 그렇게 20분쯤 더 흘러 갈림길이 나 있는 삼거리에 다다랐는데 이대로 전진해야 할지 옆으로 난 길로 빠져야 할지 망설여졌다. 하지만 용감한 돈키호테는 곧 용단을 내렸다. 꺾어지는 길로 더 많은 차들이 향하고 있었기 때문이다. 뾰족한 수 없으면 사람들 몰리는 쪽으로 가라 했으니 앞차들이 많이 가는 방향을 따르기로 한 거다. 아마도 대부분이 나 같은 관광객이겠거니 싶었고, 그들을 뒤쫓다 보면 무언가 나타나겠지 하였다.

그런데 골목길로 접어든 앞차들이 꾸무럭대며 조금 더 구르더니 강둑에 이르러 차례로 멈추어 선다. 거기에도 풍차는 없었지만, 상상력 풍부한 돈키호테는 이 근처 어디인가 보구나 하고 덩달아 로시난테를 세웠고, 뒤따라오던 차들도 얌전하게 차례로 멈추어 선다. 그런데 이상한 것이 아무도 차에서 내리지 않고 그냥 앉아 있는 게 아닌가. 이상하다. 관광지에 왔으면 얼른 구경할 채비부터 하는 건데, 모두들 차 안에서 꿈쩍도 않고 있다. 참 이상한 사람들이다 싶었지만 기다리다 보면 어떻게 되겠지 하고 나도 등받이를 젖히고 있어 보지만 한참이 지나도 상황은 그대로다. 그제야 이거 뭐 이상하다 하고 덜컥 의심이 난 떨떨이 돈키호테는 급히 안전띠를 풀고 후다닥 강둑에 올라서 본다.

망루에서 적정을 살피듯 두 눈 부릅뜨고 강 맞은편을 훑어보는데, 풍차는 보이지 않고 피안에서 괴물 같은 커다란 배 한 척이 꾸무럭거리고 있는 모양이 포착된다. 순간 '아, 페리 선박인가 보다, 배에 차를 싣고 저 강을 건너가야 그 풍차 마을이 있는가 보다.' 하였다. 덕분에 나의 충직한 로시난테도 유람선을 타는 호강을 하게 되나 보다. 일단 안심하고 팔을 벌려 강바람을 한껏 안아 본다. 하지만 왠지 찜찜한 느낌이 발 아래 강물처럼 자꾸만 철썩댄다. 그런데 이 방향이 아니면 어

써지? 혹 배 타고 강 건너갔다가 그 방면이 아니라면 이쪽으로 다시 건너오고 하는 동안에 해가 기울면 어떡하지? 의심이 덜컥 밀려온다. 불안감이 커져만 가자 아는 길도 물어가라 했는데 하물며 초행길임에야 싶어 급히 강둑을 뛰어 내려와 앞차 문을 두드렸다.

넉넉하게 생긴 중년 아주머니가 느릿하게 차창을 내리더니 '왜 그러냐'며 고개를 내민다. 불안해진 나는 숨을 몰아쉬며 목적지를 말하고 방향을 묻는다. 영어가 익숙지 않은 듯 몇 번을 되묻던 아주머니가 갑자기 눈을 동그랗게 뜨더니 기겁하여 목소리를 높인다. '얼른 되돌아 나가라'고 한다. 강 건너에는 풍차도 없을뿐더러 여기는 '주민들이 강 저편 마을로 건너가기 위해 운반선을 기다리는 곳'이라 한다. 망치로 얻어맞은 기분이었다.

왠지 불안하더라니!

화들짝 놀란 나는 황급히 로시난테에게로 뛰어와 난폭하게 고삐를 잡아당겼다. 무슨 영문인지 몰라 어리둥절해 하는 로시난테를 채찍질하여 줄지어 꾸물거리는 차량 대열에서 빠져나와 유턴한다. 하마터면 꼴좋게 삼천포로 빠질 뻔하였다.

가까스로, 그야말로 간발의 차이로 위기를 탈출한 기분이었다. 페리 선박을 타고 물 건너 저편으로 갔다면 풍차고 고흐고 간에 오후 일정은 그야말로 물 건너갈 뻔하였다. 놀란 가슴을 쓸어내리며 좁은 마을 길을 되짚어 나와 10여 ㎞ 더 나아가니 그제야 우측 들판에 풍차들이 모습을 드러낸다. 두 팔 두 다리 모두 올려 네 잎 클로버가 된 풍차들이 우글우글 모여 웅성거리고 있었다. 얼핏 환영하는 몸짓 같아 보이기도 하지만, 어찌 보면 용감하다 뻐기던 돈키호테의 허둥대는 모양을 비웃고 있는 듯도 하다. 아무튼, 잔세스칸스 들판보다 훨씬 많은 풍차들이 거기에 그렇게 숨어 있었는데 한판 붙어 볼 만하다 싶은 전의가 일 정도로 장관이다. 격전에 앞서 일단 지형부터 살핀다. 들판은 습지가 많고 수북한 갈대들이 서로 엉클어지며 커다란 숲을 만들어내고 있다. 정면 돌파는 쉽지 않겠다.

주변을 훑으며 좀 더 나아가다 폭이 조금 넓은 갓길에 로시난테를 잠시 세우고 강둑에 서서 들판 전경을 조망한다. 깔끔하게 정비된 잔세스칸스의 풍차 마을보다는 훨씬 넓고 자연스러운 모습이다. 그리고 습지의 물이 모여 형성된 좁은 강에는 자그마한 통통배가 대여섯 기의 풍차들을 중심으로 오가고 있다. 늪이 많아 함부로 뛰어들긴 쉽지 않을 것 같은 생각에 나도 그 배를 타고 공격에 나설까 하였으나 곧 마음을 바꾼다. 편하기는 할 것이나 흔들거리는 배 위에서 카메라를 꼬나 드는 게 쉽지 않을 듯하다는 생각과 내 의지와는 상관없이 배가 움직이는 바에 따라 시야를 한정시켜야 할 거라는 걱정이 일어서다. 늪에 발이 빠질지언정 내 생각대로 움직여 봐야지 한다.

역시
독불장군 돈키호테답다

사유지 무단 침입 사건

금지된 땅

통통배는 타지 않기로 전략이 세워졌으니 관광객들이 모여 있는 선착장 쪽보다는 그 반대편으로 적당한 장소를 찾아보기로 한다. 구경꾼들을 구경하는 입장이 되어 보기로 한 거다. 이런 심산으로 조금 더 전진하며 나만이 숨어들 곳이 있는지 살피는데 오래지 않아 강둑 아래로 비스듬히 내려서는 경사로를 발견했다. 브레이크를 밟아 가며 천천히 미끄러져 내려가 다시 주변을 살피니 갈대밭 너머 멀지 않은 곳에 아담하게 자리한 풍차 하나가 방긋이 웃고 있는 모양이 포착된다. 바로 이 모습이다! 하였다.

길가다 우연히 이상형인 처자와 마주친 기분이었다. 그래서 더 찾아볼 것 없이 이곳을 주 공격지로 삼아야지

한다. 뜻하지 않게 횡재한 기분이 되어 그리로 통하는 길이 있는지 알아보려 몇 걸음 디뎌 본다. 그런데 곧 뜻밖의 복병을 만났다. 조심조심 걸으며 두리번거리던 중이었는데 주황색 페인트를 왕창 뒤집어쓴 네모난 얼굴의 보초병과 정면으로 맞닥트린 거다. 각진 얼굴 전면을 선명하고 딱딱한 필체로 '관광객 출입을 금한다' 꽉 채워쓰고 버티어 서 있다. 간혹 못 알아듣는 사람이 있을까 해서인지 독일어, 불어에 영어까지 3종 세트로 명기하여 강력 경고하고 있다. 이런! 그 주황색 표지판이 마치 장미꽃에 달린 가시처럼 밉살스럽다. 우째 행운이 너무 쉽게 온다 싶더니.

워낙 분명한 메시지를 담고 있는 터라 멈칫하지 않을 수 없었다. 검은 테두리까지 둘러 더욱 완강해 보이는 모양이 삼팔선 철조망 앞에 세워 놓은 푯말을 연상케 할 정도였으니 말이다. 그 너머 땅은 사유지란 얘기인데, 그럼에도 불구하고 풀밭 사이로 예쁘장하게 나 있는 오솔길은 어서 오라 유혹하는 듯하다. 하지만 경고판이 주는 느낌이 다시 보아도 엄중하다. 무단으로 들어섰다가는 총알이라도 날아들 것 같은 분위기여서 도리 없이 발길을 돌릴 수밖에 없겠다 한다.

그러나 사람, 아니 돈킴호테의 마음이 참 이상하다. 들어서지 말라 하니 더 넘어가고 싶어진다. 던지는 메시지가 너무도 분명하지만 그렇다고 그냥 물러서기에는 참으로 아쉽다. 졸지에 뭐 마려운 사람처럼 어찌해야 하나 하고 선 채로 맴돌이하다가 결국은 염치 불고하고 도발을 감행하고 보자는 쪽으로 마음이 기울었다. 과연 돈킴호테다. 미술관에서 그림을 훔쳐 찍던 도둑심보가 다시 발동한 거다. 좌우간, 언제 또다시 와 볼 수 있겠는가 싶은 욕심이 적극적으로 나를 밀어붙이고 있었던 것이다. 뒷일이야 어찌되든…

무단 침입

결심이 서자 서둘러 침투 준비를 한다. 우선 겁먹고 서 있는 로시난테를 쉬이 눈에 뜨일 것 같지 않은 그늘진 곳으로 옮겨 은폐한다. 그리고는 이미 몇 차례 훈련된 대로 삼각대며 렌즈 등 무기를 챙겨 완전 군장을 꾸린 다음 슬그머니 금지된 땅으로 접근하기 시작했다. 다행히 주변은 조용하고 경고판 하나만 우뚝 서 있을 뿐 달리 제지하는 사람이나 막아선 대문 같은 건 없다. 보는 이 없음이 확인되자 간이 조금씩 더 커진다. 뒷골이 당겨 쭈뼛거리면서도 슬금슬금 나아가 인근 주민이라도 되는 양 어물쩍 경계선에 다가섰다. 쳐다보는 사람도 말리는 산초도 없던 터였으므로 점점 대담해진 돈킴호테는 기어이 경계선을 넘었다. 아름다웠다. 맨발로 걸으면 더 기분 좋을 것 같은 깨끗한 오솔길 옆으로는 예쁜 풀꽃들이 수줍은 듯 방싯거린다. 너무도 곱고 평화스러운 정경에 금지된 구역에 무단 침입하고 있다는 사실마저도 잊어버릴 지경이다.

이미 저질러진 일이기도 하지만, 그림 같은 분위기에 흠뻑 취해 버린 나는 들꽃이며 갈대까지도 모두 쓸어 담을 기세로 연신 렌즈를 들이대며 전진한다. 어디선가 주인이 막대기를 휘두르며 불쑥 튀어나올지도 모른다는 걱정으로 콩닥거리는 가슴을 안고서도 기어이 풍차 코앞까지 나아갔다. 그런데 어찐 일인지 주변은 여전히 조용하고 방앗간도 비어 있다. 내친김에 슬그머니 내부로까지 들어섰다. 수리 중인지 뜯어 놓은 기계와 공구들이 여기저기 흩어져 있는 모양을 재빨리 몇 컷 담는다. 그러고는 마치 빈집털이라도 한 기분이 되어 얼른 뒤돌아 나와 고목 등걸 같은 터실한 풍차 옆구리에 기대어 섰다.

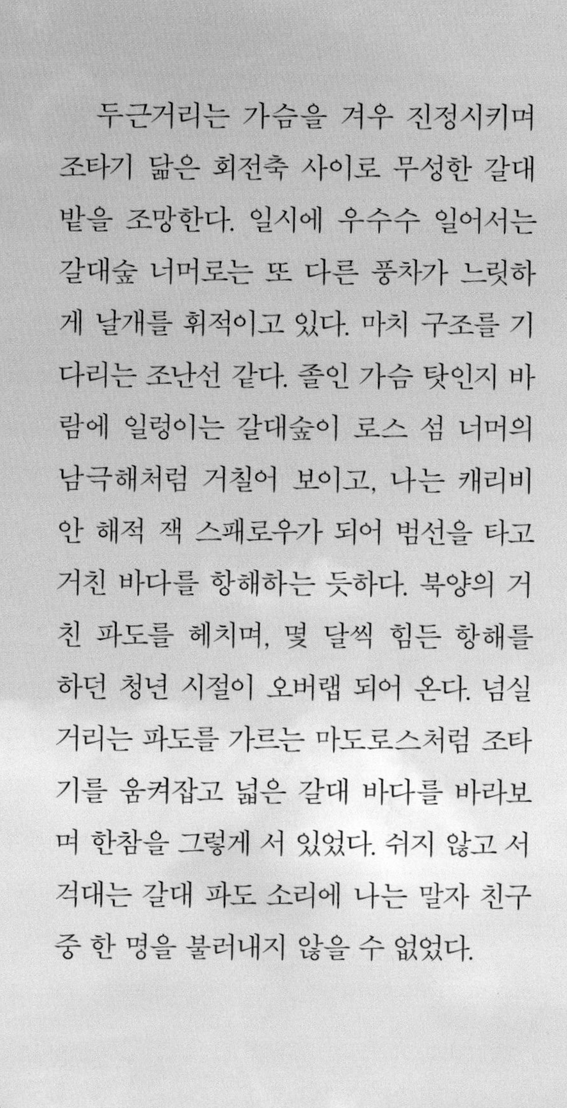

두근거리는 가슴을 겨우 진정시키며 조타기 닮은 회전축 사이로 무성한 갈대밭을 조망한다. 일시에 우수수 일어서는 갈대숲 너머로는 또 다른 풍차가 느릿하게 날개를 휘적이고 있다. 마치 구조를 기다리는 조난선 같다. 졸인 가슴 탓인지 바람에 일렁이는 갈대숲이 로스 섬 너머의 남극해처럼 거칠어 보이고, 나는 캐리비안 해적 잭 스패로우가 되어 범선을 타고 거친 바다를 항해하는 듯하다. 북양의 거친 파도를 헤치며, 몇 달씩 힘든 항해를 하던 청년 시절이 오버랩 되어 온다. 넘실거리는 파도를 가르는 마도로스처럼 조타기를 움켜잡고 넓은 갈대 바다를 바라보며 한참을 그렇게 서 있었다. 쉬지 않고 서걱대는 갈대 파도 소리에 나는 말자 친구 중 한 명을 불러내지 않을 수 없었다.

콩닥대던 가슴이 조금 진정되자 천천히 다시 일어섰다. 육각 풍차 벽을 휘돌아 살림집으로 보이는 자그마한 주택 앞까지 가 보았으나 거기에도 인기척이 없다. 이상타, 공성계[空城計]에라도 빠진 긴가? 들판뿐 아니라 풍차며 집이 하나같이 텅텅 비어 있다. 용맹한 돈키호테의 출현을 눈치채고 모두들 강으로 뛰어들거나 갈대밭으로 숨어버리기라도 한 건가. 이러다가 내가 방심하는 틈을 타 갈대밭 어디선가 적들이 불쑥 나타나는 게 아닐런가? 그럴지도 모른다. 이미 북쪽의 잔세스칸스 풍차 군단으로부터 용감무쌍한 돈키호테의 출현을 전해 듣고 미리 대비했을지 모른다.

'워낙 종잡을 수 없이 설쳐대는 친구인지라 바로 대적지 말고 일단 갈대밭의 지형적 이점을 살려 잠복하라' 충고받았음이 틀림없으렷다. 그러다가 내가 약간의 허점이라도 보이면 용수철처럼 튀어나와 일시에 덮칠지도 모른다. 하지만 나는 이미 조망해 볼 수는 있는 풍경들을 모두 감상하고 사진기로 훔친 뒤이다. 삼십육계. 혹 주인이 나타나 왈가왈부하더라도 눈치 보아 튀어버리면 그만일 터이다. 불안한 가운데서도 만족한 기분으로 전리품이 가득 담긴 카메라를 껴안고 오솔길을 되돌아 걷기 시작했다.

위기 닥치다

그곳은 참으로 아름다운 곳이었다. 발길 닿는 곳마다 청초한 풀잎이 신선한 기운을 발하고, 고운 들꽃들이 앞다투어 5월을 찬미하고 있었다. 들녘 가득한 갈대숲에 묻혀 날개를 휘적이는 풍차는 태평성대를 노래하는 듯하고, 이들 사이로 곱게 이어지는 오솔길은 그대로 동화 속 풍경이 된다. 꿈속 낙원이거나 천국에서라면 이러한 전원이 있을까 싶게 눈길 닿는 곳 모두 한 폭 멋진 그림이고, 아름다운 한 편의 시詩고, 한 가락 고운 노래다. 넘어서지 말라는 곳에 들어온 탓인지 한층 더 귀하게 여겨지는 경치에 흠뻑 취한 나는 금지된 땅에 무단으로 들어섰다는 사실조차 까맣게 잊고 구름 위를 걷듯 흔들거리고 있었다. 그러나 평화는 곧 위기를 맞았다. 바람결에 얼핏 들려오는 인기척에 아연 긴장한다.

흠칫 놀라 고개를 들어보니 저만치 오솔길 끝에서 누군가가 자전거를 타고 달려온다. 직감적으로 주인일 거라 여겨져 와락 겁이 난다.

들 켰 구 나 !

짐작했던 대로 갈대숲 어디엔가 웅크리고 있다가 내 걸음이 이렇게 흔들거리기 시작하니까 전격적으로 등장한 거야. 올 것이 왔다. 그럼 이제 어쩌지? 삼십육계, 그래, 도망이다. 대적해 볼 틈도 없는 급한 상황이니 그 수밖에 없다 하였다. 그래서 냅다 들고 튀어야지 하고 카메라며 가방을 추슬러 보나 곧 너무 늦었음을 깨닫는다. 자전거는 생각보다 빠르게 굴러오고 있을 뿐 아니라 어디로 내뺄 여지도 없다. 좌청강[江] 우백가[葭], 좌측은 푸른 강이, 우편은 무성한 갈대밭 늪지대가 버티고 있지 않은가. 그렇다고 앞으로 뛰어봐야 자전거보다는 느릴 터, 그야말로 독 안에 든 쥐처럼 벼랑 끝에 섰다. 진퇴양난. 졸지에 이러지도 저러지도 못하는 처량한 신세가 되어 버렸다.

하지만 재기발랄한 향사 돈키호테는 밀어닥친 혼란 와중에도 본연의 출정 목적을 상기한다.

위급한 상황이지만 그림 같은 풍경에
자전거 탄 여인네가 보태진 모습이
참 멋지다는 생각을 한다.

잡힐 때 잡히더라도 이 영화 같은 장면을 놓칠 수 없다 하고 재빨리 카메라를 받쳐 든다. 마치 자신의 안전은 아랑곳없이 돌진해 오는 폭격기 정면에 카메라를 들이대는 종군 기자처럼 위험을 무릅쓰고 일단 자전거를 향해 촤라락 연사를 날린다. 셔터를 누르는 짧은 순간에도 이 난국을 어떻게 뚫고 나가나 하는 고민이 자전거보다도 빠른 속도로 덮쳐오고 있었지만, 일단 사진부터 찍어야지!

내친김에 몇 장 더 담으려는데 다시 포커싱 해 볼 틈도 없이 순식간에 자전거가 코앞에 들이닥친다. 제길, 네덜란드에는 웬 자전거가 이리 많은 거야? 산중에서 호랑이 맞닥트린 나무꾼이 자신도 모르게 오줌을 찔끔거리듯 엉뚱한 푸념이 튀어나왔다. 후회도 밀려왔다. 무릎 꿇고 있어도 시원찮을 형편에 도대체 어쩌자고 정면으로 렌즈를 들이밀었는지. 찰나에도 숱한 생각이 전장의 총알처럼 난무한다. 그나저나 하느님 도와주십시오. 석가모니 부처님이나 공자 맹자님, 산신령님이라도 계시면 일 단 좀 도 와 주 세 요 .

다시는 무단 침입 같은 건 아니 하리라 약속드리지요. 용감한 편력 기사답지 않게 돈키호테는 어찌할 바를 모르고 끙끙거리고 있었다.

그리고 거짓말

주인아주머니는 틀림없이 내가 이 길을 들어설 때부터 나의 움직임을 지켜보고 있었을 것이다. 풍차 꼭대기에 숨어서 도대체 무슨 저지레를 하는지 노려보고 있다가 내가 방앗간 안으로 들어가 두리번거릴 때 냉큼 사다리를 타고 내려와 갈대숲으로 몸을 감추었을 터이다. 그리고 계속 경계를 늦추지 않고 있다가 이 몸이 오솔길로 나서자 울타리를 벗어나기 전에 뒷덜미를 잡으러 달려 나온 게 분명하다. 좌우간, 분명히 '잡인 출입 엄금'이라 써놓았음에도 무단히 들어선 나의 무례를 대놓고 따지면 어쩌지? 아니, 독일계통 사람들이라 따질 필요도 없이 불문곡직 경찰부터 부를지도 몰라.

우리에게는 별일 아니다 싶은 것도 서양에서는 큰일로 간주하는 경우가 종종 있지 않은가? 언젠가 미국에서는 핼러윈 데이에 사탕을 얻으러 마당에 들어선 동네 아이를 침입자로 간주하고 총을 발사한 일도 있었다. 우리와는 관습이 다른 서양인들인지라 자칫 사소한 일도 고약하게 보일 수 있다. 정말 어쩌지? 그러면서도 렌즈는 소리없이 여기저기로 향하고 있었는데 쿵쾅대는 마음을 진정시킴과 동시에 최대한 잔머리를 짜내기 위한 몸짓이었던가 한다.

그런데 고맙게도 귀인이 불쑥 나타나 돕는다. 하느님에 부처님까지 찾으며 당황해 하는 꼴이 불쌍해 보였는지 현명하신 손자孫子 어르신이 산신령처럼 펑~ 하고 나타나 일갈하신다.

'실이비지實而備之, 강이피지强而避之. 적이 충실하니 방비하고 강해 보이니 맞서지 마라. 그러니 일단은 갈대밭이며 오솔길 옆 꽃들과 대화라도 나누는 척 태연을 가장하라. 이런 때일수록 더욱 침착하고 여유롭게 대처하라. 결코 강 대 강으로 대적지 말고 소나기는 피하고 보라.'

그렇지! 다급한 상황이었지만 손자 어르신의 가르침에 따르기로 한다. 태연을 가장할 묘안 강구에 골몰하다가 카메라

가방으로 눈이 갔다.

그래, 바로 이거다. 궁즉통[窮卽通]. 나름 묘책이 번쩍하고 떠올랐다. 남의 나라에 와 사는 형편에 또 다른 남의 나라에 와서 유치장 신세를 진다면 될 말이 아니지. 취조 과정에서 사진들이 삭제라도 당한다면 정말 큰 일이다. 그리고 아직 공략해야 할 곳이 한 군데 더 남았지 않은가. 구세주 같은 손자님 조언으로 순간적으로 급조해낸 거짓말은 스스로 생각해도 그럴듯해 보여 만족스러웠다. 역시 재기발랄한 향사 돈킴호테다.

어깨에 둘러메고 있는 카메라 가방은 내셔널 지오그래픽사 제품이다. 묵직해 보이는 카메라에는 금테 두른 렌즈가 무게감 있게 장착되어 있고, 탐험가적 외형의 N2475 가방 안에

는 대포알까지는 아니더라도 방망이 수류탄 정도는 되는 80-200㎜ 망원 렌즈도 있으며, 메기처럼 입을 쩌억 벌린 14-24㎜ 광각 렌즈뿐만 아니라 접사 렌즈도 있다. 거기다 튼실한 짓조 삼각대까지 손에 잡고 있으니 나무랄 데 없는 사진가 행색이다.

혹시 아주머니가 야단치면 '아, 나는 내셔널 지오그래픽 잡지사 사진기자인데, 이곳이 매우 아름답다는 제보가 있어 취재차 왔습니다. 어쩌면 이 마을과 당신네 풍차가 세계적인 다큐멘터리 잡지에 실릴지도 모릅니다.'라며 사기라도 치자. 얼결에 급조된 거짓말이지만 다시 생각해도 그럴듯한 변설이다 싶다. 그리고 최대한 활짝 웃어 주자. 웃는 얼굴에 침 못 뱉는다 했으니 이렇게까지 나오는데 아무리 주인이라 한들 경찰을 부르기까지야 하겠는가. 당연히 내셔널 지오그래픽 잡지에서 나의 사진을 볼 수는 없겠지만, 사진을 찍는다고 다 잡지에 실리는 것은 아닐 테니까 그건 또 나중에 따져 볼 일이고, 어쨌든 그렇게 순식간에 마음 방비를 하고 떨지 않으려 애쓰고 있었다.

위기 탈출

하지만 애써 만들어낸 거짓말을 써먹을 기회는 주어지지 않았다. 호통을 치면 막힘없이 늘어놓으리라 준비하고 비켜 서 있는데 독일 병정 오토바이 사이드카Sidecar처럼 두두두 자전거가 다가오더니 멈추기는커녕 눈길 한 번 주지 않고 스쳐 지나간다. 한 방 얻어터질 각오로 바짝 긴장하고 있던 터라 순간 멍한 기분이 된다. 닭 쫓던 개 지붕 쳐다보듯 맥 놓고 멀어져 가는 자전거 꽁무니를 멀건히 바라볼 뿐이다. 어쨌든 그냥 지나갔으니 일단 안도의 숨을 쉬기는 했으나 아무래도 불안감은 가시지 않는다.

어쩌면 경찰서로 직행하였을지도 몰라. 이것저것 귀찮으니까 바로 경찰을 대동하고 나타날 거야. 내가 눈 좀 맞추자 추파를 던지고 있었는데도 아주머니는 거들떠보지도 않고 지나가지 않았던가? 그러고 보니 아주머니가 화난 듯 무표정한 얼굴을 하고 있었던 것 같다. 그냥 줄행랑쳐 버릴까? 로시난테가 있는 곳까지 뛰어간다면 5분이면 충분할 거야. 이리로 들어오던 중 근처에 관공서 같은 건 보이지 않던데, 경찰서는 좀 더 떨어진 곳에 있을지도 몰라. 그렇다면 아주머니가 순사를 대동하고 다시 오는 시간이면 충분히 안 보이는 데까지 도망쳐 버릴 수 있을 거야, 진짜 튀어 버려?

그렇게 혼자서 안달복달하고 있는데 그리 오래지 않아 사라졌던 자전거가 되돌아오는 모습이 포착된다. 눈치를 챘구나. 경찰서까지 다녀오는 동안 도망칠 것이 분명해 보이니까, 일단 마을 청년들을 이끌고 오는 모양이다. 그래서 현장범으로 신병을 확보하여 포박해 놓은 다음 경찰서로 달려갈 모양이구나 싶었다. 네덜란드 사람들은 키가 크니까 힘도 우악스럽게 셀 거야. 불안감이 더욱 가중되고 있었다. 그러나 눈을 크게 뜨고 다시 보니 자전거 뒤로 따라오는 다른 사람 모습은 보이지 않는다.

다만, 자전거 짐 실개에 지나갈 때는 보이지 않던 몇 개의 화분이 실려 있는 게 눈에 들어온다. 화분? 그걸로 내려칠 건가? 의문은 계속되었으나 일단은 안도한다. 경찰이나 동네 청년들을 부르러 간 건 아니었구나 싶으니 대화로 해결할 여지는 생긴 거라 여겨진다. 좌우간 급한 대로 시간을 좀 벌은 듯하여 약간의 마음 여유가 돌았는데 그 와중에도 말리지 못할 돈킴호테는 또다시 본연의 임무를 상기한다. 오솔길 위의 자전거와 화분, 그리고 수수한 아주머니 모습이 주변 풍경과 잘 어울린다 싶어 다시 실속 챙길 생각을 한다. 오른손 검지가 슬그머니 셔터 위로 올라갔다. 터질 때 터지더라도 마지막까지 챙기고 보자 하였다.

하지만 아직은 경계의 끈을 놓지는 못하고 있던 탓으로 자전거가 바짝 다가오자 자신도 모르게 방어적인 자세가 된다. 작정치 않았던 반사 작용이었는데, 역시 도둑은 제 발이 저리는 모양이다. 별수 없다, 자수부터 하고 보자. 공격이 최선의 방어책이란 말이 떠오르고 다급해진 나는 들이닥치는 자전거 앞으로 성큼 다가선다. 급조된 대비책의 행동 수칙에는 없었던 순서지만 자신도 모르게 저질러 버렸다. 자해 공갈단처럼 불쑥 길을 막아서자 놀란 듯 자전거가 멈추어 선다. 에라, 엎질러진 물이다. 나는 떨리는 목소리로 중얼거렸다.

"미안해요, 출입 금지 푯말을 보긴 했지만, 이 길과 풍차가 아주 예뻐서 그만 들어오고 말았습니다. 몇 장만 더 찍고 금방 나갈게요. 죄송해요."

묻지도 않았을 뿐 아니라 시나리오에도 없던 말을 단숨에 뱉어 놓고는 나쁜 짓 하다 들킨 아이처럼 벌벌 떨고 있었다.

오, 가여운 돈킴호테여!

이러고 통사정했는데도 아주머니가 뭐라 하면 앞서 생각해낸 지오그래픽 어쩌고 하는 공갈을 칠 심산이었다. 그런데 떠듬대며 변명을 마치고 보니, 너무 긴장해서 상대방을 쳐다보지도 않고 고개를 숙인 채 우물거렸나 싶다. 그래서 나시 용기를 내어 아주머니의 얼굴을 겨우 올려다보며 애써 불쌍한 표정을 지어 보였다. 그렇게 처분만을 기다리며 어색하게 서 있었는데 1초가 한 시간처럼 길게 느껴진다. 그런데 이게 어찌 된 일인가? 당장 불호령이 떨어질 줄 알았는데 뜻밖에도 부드러운 목소리가 들려온다. 얼굴에는 너그러운 미소까지 띠었다.

"그러세요? 관광객들이 무턱대고 들어와서 휴지를 버리거나 길을 어지럽혀 놓는 게 싫어서 그리 써 붙여 놓은 건데, 뭐 괜찮아요. 너무 미안해하지 않아도 돼요."

다시 보니 편안히 웃고 있는 게 아닌가. 엥? 예상 밖의 반응에 소심한 시골 향사 돈킴호테는 하마터면 뒤로 넘어질 뻔하였다. 순식간에 긴장이 풀어지고 다리가 후들거릴 지경으로 허탈한 마음이 되었는데 분명 아주머니가 농담을 하고 있는 건 아니었다. 뚝뚝 끊어지는 독일식 발음의 영어였지만 분명히 '괜찮다.' 하였다. 졸지에 나는 너무 감사한 마음이 되고 아주머니 얼굴이 부처님 모습으로 보이기까지 한다. 고마웠다. 뜻밖에도 너무 쉽게 얻은 안도감에 정신이 혼미할 지경이었지만, 곧 자세를 가다듬고 한술 더 떠 오버할 마음 여유까지 생겼다. 참 못 말리는 돈킴호테다.

뜻밖의 선물을 준 아주머니에게 감사의 표시로 뭔가 아부라도 좀 하자 싶었던 건데 순간적으로 또 멋진 생각이 떠올랐다. 오솔길을 들어서다 길바닥에서 주웠던 노랑 그림 붓이 생각났다. 누가 떨군 건지 길 가운데 누워 뒹굴고 있던 그 붓은 금방이라도 일어나 노랑꽃들을 그려댈 것처럼 살아있어 보였는데 무심코 주웠던 거다. 그 예쁜 그림 붓이 지금 카메라 가방 속에 있다. 재기발랄한 돈킴호테는 얼른 붓을 꺼내 든다. '나는 휴지나 쓰레기 같은 건 버리지 않았고, 오히려 청소 겸 이런 것도 주웠소. 길이 집안 복도처럼 참 깨끗합니다' 하며 너스레를 떨고는 '이 붓이 혹시 당신이 잃어버린 것일지도 모르니 돌려 드리겠소. 아무튼, 나는 이 길을 어지럽히기는커녕 오히려 청소를 한 셈이니 무단 침입을 용서해 주셨으면 합니다' 하고 부쩍 애교스런 표정을 지으며 두 손으로 공손하게 붓을 내밀었다.

"하하하!"

유쾌한 웃음소리가 갈대밭을 흔든다. 들새가 놀라 푸드득 날아오를 정도로 웃음소리가 덩치만큼이나 크고 거대한 풍차 날개만큼이나 펄렁펄렁했다. 아주머니는 꾸밈없이 활짝, 그야말로 활짝 웃으며 '붓은 그냥 가져도 좋다' 하며 손사래 친다. 화해! 그제야 나도 완전히 마음을 놓고 같이 활짝 웃었다. 스스로 훌륭한 애교관愛嬌官이구나 한다. 기지라면 기지인 셈이었는데, 길가의 들꽃들이 입을 가리며 웃고, 산들바람을 껴안은 갈대들이 재미난 듯 우수수 손뼉 친다. 손자 선생님 말씀대로 싸우지 않고 이겼으니 상지상上之上 병책이 빛을 발하는 순간이었다.

보따리에 지갑, 혼까지 챙기기

이제 무단 주거 침입으로 신고당할지도 모른다는 걱정은 완전히 사라지고 오히려 더할 수 없는 우호 분위기가 조성되었다. 그런데 욕심쟁이 돈킴호테는 내친김에 한 가지 더 건지자 한다. 미소 띤 얼굴로 진정 고맙다 거듭 인사하고는 당신의 자전거 탄 모습이 주변 풍경과 아주 잘 어울리니 사진 한 장 찍게 포즈를 취해 달라 한다. 물에 빠진 놈 건져 주니 보따리 내놓으라는 격이다 싶지만, 그 멋진 장면을 놓치기가 아까웠기에 욕심을 부린 거다.

좋은 풍경이라도 사람이 없는 사진은 참 심심하다. 자연과 사람이 함께 어우러졌을 때 그림이 살아 보인다 싶은 게 초보 찍사 돈킴호테의 생각이다. 하늘에 멋진 구름이 떠 있고, 눈 덮인 산자락에 꽃이 만발한 절경일지라도 사람이나 하다못해 산토끼 한 마리도 없는 사진이라면 밋밋하다. 이런 사진들은 언뜻 보기에 그럴듯해도 금방 싫증 나버린다. 그래서 사람이 풍경의 한 부분을 차지하고 있으면 좋겠고, 그것도 가능한 동적인 모습이면 더 좋겠다 싶다. 그런 궁리를 해 가며 자전거 타고 오는 모습은 이미 훔쳤던 터였으나 멈추어 선 모양도 담아 보고 싶었던 거다. 후덕해 보이는 아주머니는 흔쾌히 응낙한다. 주된 요소를 좌측 상단쯤에 배치하는 게 시각적으로 안정된다 하였지 아마. "마담, 찍습니다. 하나, 두울... 찰까닥" 그러면서 몇 장을 더 담았다.

이제 연락처를 받을 차례다. 보따리까지 빼앗았으니 작업의 순서대로 지갑도 뒤지자. 사진을 보내주겠다는 핑계로 기어이 지갑을 열게하여 명함을 받아냈다. 나는 명함을 들고 나서지 않았던 터라 내 연락처는 이메일로 알려 주겠다 하였다.

사유지를 무단 침입한 주제에 무료 모델 확보에 전화번호까지 받았으니 더할 수 없는 실속을 차린 셈이어서 거듭 고마운 마음으로 감사하다 인사하였더니 아주머니는 사진을 찍어 주어 오히려 고맙다 한다. 남편과 아들 하나와 살고 있는데, 이곳에는 9, 10월 중 일주일간 야외 조명을 밝히는 축제가 있고 멋진 볼거리가 될 터이니 꼭 다시 들러 보라고 보너스 정보까지 선사한다. 정확한 축제 기간은 확인 후에 다시 연락하겠다 하고 자전거에 올라 집으로 되돌아가는 뒷모습도 얼른 렌즈에 담는다. 보따리에 지갑에 더해서 혼까지 빼앗은 셈이다.

받아들 때는 눈여겨보지 않았었는데 자전거가 저만치 사라진 다음에야 명함을 살펴보니 Y. de Jong - Muller라는 이름과 함께 安.美.和라는 글자가 디자인되어 있다. 그 자리에서 보았다면 그렇게 한자가 쓰인 이유를 물어보았을 텐데 그러지 못해 아쉬웠다. 하긴 그 시각에는 혼날까 봐 덜덜거리는 바람에 그리할 마음 여유가 없었다. 아무튼, 이름 중에 Jong이라는 글자는 한자이거나 우리말일 수도 있을 텐데, 그렇다면 중국이나 우리나라와 무슨 인연이라도 있는 건 아닐까 궁금했지만, 이미 작별한 뒤여서 나중에 전화로 물어보아야지 할 수밖에 없었다.

파리로 돌아온 후 연락이 되어 물었더니 Jong(네덜란드식 발음은 용)은 남편 성이고 자신은 독일계라 한다. 安.美.和라는 글자의 의미는 모르겠고 누군가가 좋은 의미가 있는 글자라 하여 그냥 디자인처럼 새겨 넣었다기에 그 세 글자의 뜻을 하나하나 설명하니 매우 고마워했다. 나는 글자의 의미처럼 편안하고 아름답고 화평한 삶이 되기를 빌었는데 용 아주머니는 무척이나 좋아했다. 잘못을 저지르고도 고맙다는 말을 듣게 되다니 사람 사는 세상 참 재미나다 싶다. 어쨌든 나중에 꼭 다시 들르라 했었는데, 그날이 쉽게 올는지 모르겠다.

여유

꽃수레 자전거가 사라진 반대 방향으로 이제는 허락받은 방문자의 느긋한 자세로 한껏 여유를 부리며 걷는다. 마치 이 풍차의 주인이라도 된 기분이다. 편안한 마음으로 뒤돌아보는 오솔길이 조금 전 마음 졸이며 걷던 때보다 더욱 반짝인다. 한들거리는 들꽃들도 한층 더 고와 보인다. 오솔길 끝에 장난감처럼 서 있는 풍차 너머로 피어오르는 뭉게구름이 포근한 평화를 그려낸다. 산들바람을 안고 일렁이는 갈대들의 합창이 웅장하고 발밑에서 찰방대는 강물 소리 또한 경쾌하다. 모두들 한층 더 아름다운 모습으로 5월을 노래하고 있었다. 이곳 또한 186년 전 어느 날 소풍 길에 나선 베토벤이 '여기가 바로《시냇가에서》라는 악장을 떠올린 곳'이라 제자들에게 말했던 그 들판인가 한다.

이제 행복한 정복자가 된 돈키호테는 아름다운 오솔길을 되돌아 나오며 강 건너편의 관광객들을 관광하는 여유까지 부린다. 저 사람들이 나를 보았을까? 이쪽에서는 나 하나만 여유롭게 거닐고 있는데 어찌 들어갔는지 궁금해하지나 않을까. 샘이 나서 하나둘 이쪽으로 건너오면 어쩌지 하는 걱정이

들기도 했지만 이내 잊었다. 프로 사진사처럼 보이는 카메라 가방에 삼각대까지 울러 메고 있으니 전문적인 사진 촬영을 위해 특별히 허용된 사람쯤으로 여기겠거니, 이렇게 내 위주로 생각한다. 별난 돈킴호테의 마음이 그렇다. 나도 허락 없이 들어왔으면서 다른 사람이 무단으로 들어오는 건 싫은 거다. 만약 건너편 사람들이 그렇게 몰려오면 즉시로 아주머니에게 달려가 일러바칠지도 모른다는 생각마저 들자 자신도 모르게 흠칫한다. 내가 하면 로맨스 어쩌고 하는 말이 얼핏 떠올라서였다.

다행히 강 건너 사람들은 이쪽에 관해 무관심인 듯하다. 아무튼, 나로서는 공략해야 할 목표가 하나 더 남아 있으니 또 서둘러야지 한다. 어둡기 전에 고흐 생가에 도달해야 한다는 생각과 보금자리가 있는 파리까지는 아직 400여 ㎞나 남았음을 계산하다 보니 갑자기 급한 마음이 된다. 이제 이 아름다운 오솔길과도 작별해야 한다. 잔세스칸스에서처럼 이곳 풍차 들판과도 금빛 석양에 함께 젖어 보고 싶으나 그럴 시간 여유가 없음이 아쉬울 뿐이었다. 언젠가 꼭 다시 한 번 들러야지.

꽃피는 계절도 좋지만, 갈대숲이 있으니 가을철도 멋지겠다. 파리에서 제법 멀기는 하지만 마음만 먹으면 그리 어려운 일도 아니려니 한다. 여기만 달랑 들리기에는 좀 허전하다 싶으면 이번에는 건너뛴 헤이그와 함께 묶어 들르자 한다. 이제 더는 무서워 보이지 않는 경고판을 사뿐히 건너뛰어 로시난테에게로 다가가 무사 귀환을 알렸다. 충직한 애마는 주인님의 기발한 전투 모습을 지켜보며 그때까지도 킥킥대고 있었다. 트렁크를 여니 아직 몇 조각의 치즈와 코르크 마개를 거꾸로 꽂아 놓은 마시다 남은 포도주가 있다. 개선장군이 된 돈킴호테는 여전히 웃음을 멈추지 못하고 있는 로시난테의 옆구리에 기대어 자그마한 호수를 내려다보며 나 홀로 승리의 축배를 들었다.

우연히 알게 된 킨데르데이크

인연이란 우연히 생기는 모양이다. 출발 하루 전까지만 해도 나에게 킨데르데이크는 들어보지 못한 지명이었다. 앞에서 적었듯이 미리 계획한 여행이 아니라 여행안내서조차 읽어볼 틈도 없이 슬리퍼 끌고 마실 가듯 훌쩍 나선 나들이라 더욱 그러하였다. 그럼에도 이번 소풍에서 이곳이 추가된 것은 순전히 어느 민박집 아주머니 덕분이다. 갑작스러운 출격을 앞두고 인터넷을 뒤져 몇 개의 민박집 광고를 찾아내고 차례로 전화를 걸어보던 중이었다.

여럿이 함께 쓰는 방은 더러 있었지만, 독방이 있다는 곳은 거의 없었는데 어느 댁에서는 혼자 자는 방이 있

고 최상의 서비스를 할 터이니 꼭 이용해 달라 하였다. 그래서 그 댁에서 하룻밤 묵을 참이었다. 그러나 집 위치며 잔세스칸스 풍차 마을과의 거리 등을 묻는 과정에서 그 댁은 암스테르담과는 많이 떨어진 곳에 있음을 알았다. 나는 풍차 마을로 킨데르데이크라는 곳이 있다는 걸 모르는 상태였기도 하거니와 잔세스칸스만을 염두에 두고 묻는 중이었기에 그곳과는 위치가 많이 다르다는 얘기에 이용이 곤란하겠다 하였었다.

그랬더니 그분은 잔세스칸스 이상으로 킨데르데이크도 유명하다는 것과 이곳이 풍차 수도 많고 훨씬 자연스러운 풍경이어서 어쩌면 더 볼 만할 거라 거듭 강조했다. 말미에 지난주에 당신 가족이 여기를 다녀왔었는데 정말 좋았다는 얘기까지 덧붙인다. 그때 킨데르데이크라는 말을 처음 들었다. 그 동네는 잔세스칸스처럼 많이 알려지지 않은 곳이라 그만큼 민박집 이용자가 적은 탓인지 아주머니께서는 거듭 자기 집에 묵기를 권한다. 마음 같아서는 그리하리라 하였으나 겨우 1박 2일 일정이어서 암스테르담과 너무 먼 거리라면 자칫 마음먹었던 일정에 차질이 있을지도 모른다는 생각에 결국 거절할 수밖에 없었다. 대신에 훗날 기회가 되면 꼭 이용하리라 답하고 전화를 끊었지만, 그날이 쉬이 올는지는 모르겠다.

이러한 연유로 풍차 관광지로 킨데르데이크라는 곳도 있음을 알게 된 것인데, 둘러보고 나니 생각보다 훨씬 멋진 동네임을 실감한다. 그래서 친절하고 상냥하게 응대하던 그 민박집 여주인에게는 고마움과 함께 미안한 마음이 크다. 잔세스칸스와 킨데르데이크의 풍차가 함께 어우러지는 마음 깊은 곳에 멋지고 감사한 모습들이 한데 어울려 돌아간다. 얼굴 모르는 그 민박집 아주머니와 용 뮐러르 아주머니, 민박집 사람들과 쾨켄호프의 민속 옷차림의 할머니들, 그리고 헤라클레스 풍차, 자전거, 보트, 나룻배며 말, 고양이 오리들까지도 함께 춤추며 빙글빙글 돌아간다.

돌아라, 돌아라, 풍차야.
끊임없이 돌면서 모인 강물 퍼내듯
우리네 마음에 고이는 시름과 눈물도
쉬지 말고 퍼내어라.

이곳 소풍도 헤라클레스 들판이며 잔세스칸스에서와 같이 참 오붓하고 즐거웠다. 좀 더 머물며 황혼녘 광경도 보고 싶으나 아직 가보아야 할 먼 길이 남아 있으므로 아쉬운 작별을 해야만 했다. 그제야 쿡쿡대던 웃음을 겨우 멈추고 덤덤해진 로시난테의 고삐를 다시 틀어쥐고 강둑길에 올랐다. 이제 이번 출격의 마지막 공략지로 마음먹은 존경하는 고흐 아저씨의 고향을 방문할 차례이다. 보트에 화물선까지 뒤따라오며 아쉬운 듯 긴 고동 소리로 전송한다. 작별이 그리도 아쉬웠는지 타이타닉호만큼이나 큰 여객선은 강둑 위까지 뛰어올라 팔을 흔들어대다 그대로 망부석처럼 굳어 건물이 되어 버렸다.

킨데르데이크 쪽으로 흐르는 라인 강 하구의 대형 선박 모양 건물

고흐의 생가에서

고흐, 그 위대한 환쟁이

고흐 생가 가는 길

잔세스칸스에서처럼 킨데르데이크의 풍차들이 석양에 안기는 모습을 보지 못한 아쉬움을 뒤로한 채 느릿하게 강둑길을 휘돌아 나와 고속도로에 올랐다. 이제 남은 행선지는 벨기에와의 국경 지대에 있는 농촌 마을 쥔더르트. 고흐의 생가가 있는 곳이다. 그의 마지막 주거지 오베르 쒸르 오아즈는 파리에서 가까워 여러 차례 알현한 바 있고, 프로방스의 아를이며 암스테르담의 미술관도 둘러보았으니 이제는 생가에도 들러 인사드려야지. 화가로서 가장 강렬한 한때를 보낸 곳과 그의 작품들을 모아 놓은 장소와 함께 태어나고 자란 곳도 찾아보아야 고흐에게 예를 다하는 일이리라 싶었다. 마침 생가는

고흐 생가로 향하는 시골길(N-146) 이정표

귀로의 한 지점에 있지 아니한가. 고속도로에 올라선 지 한 시간쯤 지나니 쥔더르트로 이어지는 N146 국도가 나타난다.

남서로 내리꽂히는 A1 고속도로에서 내려 N146 국도로 접어들자 평온해 보이는 농촌 들녘이 펼쳐진다. 들일을 하다 허리를 펴는 서넛 농부들 모습이 한가롭고, 얼핏 고흐 자화상에 그려진 모자를 연상케 하는 벙거지 모양의 이정표가 재미나다. 말뚝처럼 서 있는 보통의 표지판과는 달리 책상다리로 앉아 동서남북 사방에서 알아볼 수 있게 배려하고 있는 모습이 특이하다 싶어 찍틀을 찾는다. 싱싱한 가로수들이 머리를 맞대고 만들어낸 초록 터널이 싱그러워 그리로도 렌즈를 겨눈다. 장시간 운전으로 피로해진 눈이 일시에 시원해진다. 카메라를 든 채 가로수에 기대어 풀 향기를 맡으며 심호흡하다 다시 로시난테 등에 올랐다. 이정표가 알리는 대로 10리 길을 더 나아가니 고흐가 거닐기 좋아했다는 들판이 수줍은 듯 마중한다. N263 국도를 만나 좌회전한다.

드디어 쥔더르트 마을에 들어섰다. 진행 방향 왼편에 곧 고흐 기념관이 보인다. 아버지가 목사였던 탓으로 지금도 목사관으로 사용되고 있다 하며, 외부는 새로 단장하였는지 오래된 집 같지 않게 말끔한 모습이다. 외양만으로는 고흐의 촌스럽고 텁텁한 이미지와 어울리지 않는다 싶지만, 차분해 보이는 동네 분위기에 맞게 편안한 모습이다.

'마치 쥔더르트 같아.'

귀를 자르고 입원하였다는 소식을 듣고 아를로 달려온 동생 테오가 생각보다는 건강해 보이는 형의 모습에 긴장이 풀려 피곤한 몸을 옆 침대에 누이자, 이를 본 고흐가 그렇게 중얼거렸다는 위대한 환쟁이 고흐의 고향 마을이다. 나지막하게 엎드린 마을 어느 골목에선가 땟국 흐르는 동생 테오의 손을 잡은 고흐가 씨익 웃으며 걸어 나올 것만 같다.

고흐 생가 가는 길 - N 146

고흐 기념관

고흐Vincent van Gogh
(1853.3.30.~1890.7.29.)

이곳은 고흐가 숙부의 추천으로 헤이그의 구필Goupil 화랑 수습사원으로 떠나던 열여섯 나이까지 자란 곳이다. 빈센트 반 고흐. 목사인 아버지 테오도뤼스 반 고흐(1822~1885)와 어머니 안나 코르넬리아 카르벤투스(1819~1906)의 3남 3녀 중 맏이로 태어난 그에게 역시 개신교 목사였던 할아버지(1789~1874)의 성함과 동일한 이름이 주어졌다. 이는 자신이 태어나기 1년 전 사산된 형이 가졌던 이름이기도 하다. '빈센트'는 '승리'라는 뜻을 가진 이름이지만, 살아생전의 고흐는 승리와는 거리가 멀었다. 세상 빛을 보지 못한 채 죽어서 태어난 형이 우울한 그늘이 되어 패배의 기운으로 그의 의식 세계를 누르고 있었던 걸까, 고흐는 늘 불안하고 우울한 심리 상태에 놓여 있었다. 아무튼, 할아버지의 함자를, 그리고 사산된 형의 이름을 그대로 물려받는 모양은 족보를 중히 여기는 우리로서는 얼른 이해되지 않는 부분이기도하다.

고흐가 구필 화랑 점원 등으로 힘든 객지 생활을 하다 본격적으로 화가의 길로 나선 것은 스물일곱 살 무렵이었다. 그가 화가가 되리라 결심했을 때 주위 사람들은 물론 그 자신도 예술에 대한 특별한 재능을 가졌다고는 생각하지 않았었다 한다. 하지만 생을 마감하기 전 불과 10년 동안에 879점의 회화와 1,000개가 넘는 드로잉을 남기는 열정을 보일 만큼 그는 그림에 몰입해 있었다. 어느 날(1888.2.20.) 훌쩍 떠나 열다섯 달 동안 머문 아를에서는 190점이나 그렸고, 오베르 쉬르 오아즈에서 보낸 두 달 남짓 기간에도 하루에 한 점꼴로 작품을 남길 정도였다.

고호는 어릴 적부터 생각이 깊고 매사에 진지한 편이었다 한다. 내성적인 한편 괴팍한 성격이기도 하였는데, 성인이 된 후 자신의 어린 시절을 '우울하고 차가웠던 불모스러운 시간'이라 회상하곤 했었다. 열한 살 초등학교 때는 친구들과 싸워 퇴학당하기도 했을 만큼 늘 외롭고 고독한 편이었지만, 다행히도 그에게는 특별한 형제애로 서로 아꼈던 동생 테오가 있었다. 형이 스스로 목숨을 끊자 상심한 나머지 뒤따라 세상을 떠날 만큼 특별한 동생이었던 테오는 고흐의 가장 가까운 친구이자 정신적·경제적 후원자이기도 하였다. 가난하고 힘겨운 37년간의 짧은 생애에 가진 것 하나 없는 외톨이였으나 이처럼 우애 넘치는 동생이 있었다는 건 실로 큰 축복이었으리라. 이들 간의 돈독한 우애와 정신적 교류는 테오에게 보낸 편지에서도 잘 나타나 있다. 편지는 무려 668통이나 되었다.

화가, 휴머니스트, 그리고 사색가

로시난테를 가로수에 묶어 두고 천천히 기념관으로 다가서던 중에 고흐의 편지 중 몇 구절이 묵직하게 떠오른다.

'자연은 위대하고 고귀하고 진실 되다. 인간은 자연 앞에서 평온과 인내를 잃지 말고 힘써 일해야 한다. 나는 농부 화가가 된 것 같아. 정말 그런 기분이야. 앞으로도 농부들을 계속해서 그리고 싶어. 옛집에 돌아온 것 같이 편안해.'

'테오야, 나는 네가 산책을 지금보다 더 자주하고 자연을 사랑했으면 좋겠다. 그것이 예술을 진정으로 이해할 수 있는 길이란다. 화가는 자연을 이해하고 사랑하며 평범한 사람들이 자연을 더 잘 볼 수 있도록 가르쳐 주는 사람이라 생각한다.' (1874.1.)

'나는 자연을 사랑하기 때문에 원칙부터 틀린 그림, 거짓된 그림, 왜곡된 그림을 그리고 싶지 않다.' (1882.10.)

그는 자연의 위대함과 인간 행위의 진정성을 중히 여겼던 그림쟁이, 태양의 화가, 영혼의 화가로까지 불리는 진정한 화가였다.

'예절과 교양을 숭배하는 너희 신사들에게 물어보고 싶구나. 한 여자를 저버리는 일과 버림받은 여자를 돌보는 일 중 어떤 쪽이 더 교양 있고, 더 자상하고, 더 남자다운 자세냐? 지난겨울 임신한 여자를 알게 됐다. 겨울에 길을 잃고 헤매고 있는 임신한 여자. 그녀는 빵을 먹고 있었다. 하루 치 모델료를 다 지불하지는 못했지만, 집세를 내주고 빵을 나누어 줌으로써 그녀와 그 아이를 배고픔과 추위에서 구할 수 있었다.' (1882.5.)

'늙고 가난한 사람들은 얼마나 아름다운지. 그들을 묘사하기에 적합한 말을 찾을 수가 없다. 인물 화가들과 거리를 산책하다가, 한 사람에게 시선을 주고 있는데, 그들은 "아, 저 지저분한 사람들 좀 봐", "저런 부류의 인간들이란" 하고 말하더구나. 그런 표현을 화가한테서 듣게 되리라고는 상상도 못했지.' (1883.3.)

고흐는 가난하고 불쌍한 사람들과 어린이에 대한 깊은 애정을 지녔던 휴머니스트였다.

'지금까지 살아오면서 내가 그렇게 화를 낸 적이 있는지 기억나지 않을 정도다. 나는 그들이 믿는 종교가 너무 끔찍하다고 솔직히 말해버렸다.' (1882.1.)

'진정한 화가는 양심의 인도를 받는다. 화가의 영혼과 지성이 붓을 위해 존재하는 게 아니라 붓이 그의 영혼과 지성을 위해 존재한다. 진정한 화가는 캔버스를 두려워하지 않는다. 오히려 캔버스가 그를 두려워한다.' (1885.)

'요즘은 모파상의 《피에르와 장》을 읽는 중인데, 참 아름다운 소설이다. 이 소설의 서문을 읽어 보았니? 거기에는 -소설가에게는 소설을 통해 자연을 더 아름답고, 더 단순하며, 훨씬 큰 위안을 줄 수 있게 과장하고 창조할 자유가 있다- 라고 씌어 있다. 그다음에 -재능은 오랜 인내로 생겨나고, 창의성은 강한 의지와 충실한 관찰을 통한 노력으로 생긴다.- 라는 플로베르의 말이 의미하는 것에 대해 쓰고 있다.' (1888.2.)

그는 시와 문학과 종교에도 심취한 사색가요, 행동하는 사람이었다. 그런 만큼 그의 작품에는 숱한 정신적 고뇌와 고통을 극복하고자 한 의지가 강렬하게 담겨 있다. 그래서 시골 향사 돈키호테에게는 어느 화가보다 진실 되고 크게 여기지는 화가 그 이상의 존재이다.

자책

그런데 기념관 앞에 당도하고 보니 현관은 굳게 닫혀 있다. 아무도 보이지 않고 사방이 조용하다. 그제야 정신이 번쩍 들어 시계를 보니 오후 7시가 조금 넘은 시각이다. 아차, 관람 시간이 지난 거다. 멍청하게도, 참으로 멍청하게도 문 여닫는 시간이 있을 거라는 건 생각지도 않고 어정거리며 왔던 탓에 저질러진 실수다. 시골에 있는 생가라 했으니 자그마한 집이겠거니, 그래서 아무 때라도 어둡지만 않으면 휘둘러 볼 수 있으려니 대충 생각하였던 결과인데, 스스로 생각하여도 참 한심한 오산이었다. 하지만 흘러간 시간은 되돌릴 수 없지 않은가? 이러지도 저러지도 못하고 맞은편의 시청 건물 사진이나 한 장 찍는다. 참 바보 같다.

로테르담에서의 지체는 그렇다 치고 국도 초입에서 가로수 풍경과 어울리느라 머뭇거리지만 않았어도 30분 정도는 일찍 올 수 있었을 터인데 싶지만, 이미 늦었다. 별수 없이 유리창을 통해서라도 기웃거려 보기로 한다. 기라성 같은 풍차 군단을 여지없이 무찌르고 황금 도포로 갈아입은 헤라클레스로부터 거수경례까지 받은 편력 기사님께서 까치발로 서서 버둥거리다니. 콧잔등이 찌그러질 지경인데도 두 손으로 관자놀이를 감싸고 유리창에 바짝 붙어 콧김으로 밀밭을 그려대고 있다니 가관이다 싶지만 어쩔 수 없는 노릇이었다. 여기까지 와서 집안을 둘러보지 못하는 아쉬움과 함께 고흐에 대한 묘한 송구함이 밀려온다. 어쩌면 금방이라도 고흐가 문을 박차고 나와 한바탕 꾸짖을 것 같은 느낌이 들어 자신도 모르게 흠칫한다. 단순히 관람 시간에 맞추어 당도하지 못했다는 자책감뿐만은 아닌 듯하다.

나는 지금 무엇에 관해 고뇌하고 있는가? 아니, 고민이라도 하며 살아가고 있는가? 나에게도 열망이라는 게 남아 있는가? 고흐가 그랬듯 자신의 모든 것을 바쳐서라도 이루고자 하는 꿈이 내게 있었는가? 모나지 않게 처신하고, 상부에서 필요로 하는 일들을 차질 없이 수행하는 모범적인 태도, 그저 평안한 삶이 되도록 바라는 것과 소발에 쥐잡기로라도 지금보다는 한 단계 나은 보직을 받았으면 하는 바람으로 눈치 살피는 일, 그리고 시간 되면 재미난 책 한 권 써 보는 일 등이 전부가 아닐런가? 혹여 책이 팔리기라도 한다면, 많든 적든 그 수입으로는 나름대로 칭찬받을 만한 일에 쓰고픈 소망은 있다지만 말씀이다.

기념관 맞은편 풍경-(시청)

아, 하나둘 더 있기는 하다. 언젠가는 진정 열린 마음으로 어려운 이웃을 돕는 일에 힘 합쳐 보고 싶다거나, 취미로 시작한 거지만 좀 더 멋진 사진을 찍어보는 것이거나, 오래도록 잊지 못할 향을 느끼게 할 포도주에 취해 보는 일과 소소한 욕망… 그 밖에 내가 추구하고 가치 있어 하는 일이 또 무엇인가? 어떻게 살아야 할지 고민할 필요가 있다 하면서도 그러한 노력 자체가 자신의 행동반경을 스스로 구속할 거라며 겁먹고 애당초 시도부터를 기피하고 있는 건 아닐까? 혹시라도, 행운의 여신이 어느 날 연탄가스에 취해서라도 로또 선물을 치마폭에 담고 내 앞에 엎어지거나 멋지고 낭만적인 사랑을 한번 해 보는 요행과 맞닥트릴 수 있다면 정말 괜찮은 일이겠다 싶지만, 이거야말로 헛된 꿈이 아닐런가.

그리고, 고흐의 꾸중

물론 어린 시절에는 야무진 꿈이 있었다. 철부지 때 막연히 얘기하는 대통령이나 장군은 그렇다 치고, 스무 살을 갓 넘긴 어느 날 나름대로 인생 계획을 수립

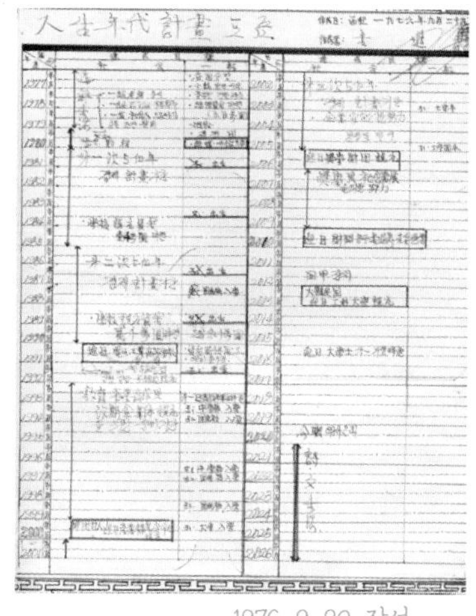

1976. 9. 20. 작성

한 적이 있다. 인생년대계획도표. 빳빳한 도화지에 정성 들여 표를 그리고 연도별로 월별로 이루어야 할 목표를 세세히 기입하였었다. 몇 살까지 살 것인데, 몇 년도까지는 돈을 얼마나 벌 것이며, 언제까지는 무엇이 되어 있어야 하고, 결혼은 몇 살 때 할 거며, 아이는 몇 명을 몇 년 몇 월에 차례로 가질 것인지 등에 관한 세부 사항까지 명시한 다음 서명하고 도장까지 찍어 바꿀 수 없는 인생 계획표로 삼은 적이 있다. 가질 아이는 3남 2녀였는데 첫 아이는 아들이고 둘째는 딸이라는 등의 사항까지 적시한 것이었으니 상세하다면 엄청나게 상세한 인생 마스터플랜이었다.

지금 생각하면, 요즘 같은 세상에 3남 2녀라니 참 꿈도 야무졌다 싶지만 그만큼 욕심이 많이 들어간 물정 모르는 떠꺼머리총각의 세상 출사표 같은 것이라 할 수 있겠다. 하지만 아들 낳고 딸 낳는 일까지 어찌 마음먹은 대로 가능한 일이겠는가 싶어 실소를 금할 수 없는데, 그래도 그때는 꽤 고민하고 숙고해서 그린 그림이었다. 파리로 출국 전 짐 정리를 하다 낡은 앨범 속에 잠들어 있는 그 인생 도표를 발견하고 잠시 회한에 젖기도 하다가, 잘 접어 다시 앨범 갈피에 끼운 다음 세간살이 담은 종이 상자에 넣어 창고에 처박아둔 청사진. 이제 그저 치기 어린 청춘 시절의 기념물로 남아 추억의 사진들과 함께 잠들어 있을 뿐이다.

그 뿐 이 다.

고흐 생가 마을 - N263

지금은 이처럼 정신머리가 헝클어져 있고, 눈동자는 흐리멍텅 혼탁하기만 하다. 겨우 자신이나 가족의 안위 정도를 염려하는 지극히 이기적인 나날을 보내고 있을 뿐이다.

어지러운 생각들을 정리 해볼 겸, 이번 여행에 관한 감상들을 끄적거려 볼 참이지만, 혼자만의 중얼거림에 지나지 않을 것 같은 이 글을 읽어 줄 사람이나 있겠는가? 글은 고사하고 사진조차도 훌끔거려 줄 사람이 있을는지 모르겠다. 정말이지 나는 지금 무엇 때문에 홀로 이 낯선 곳에서 어슬렁대고 있는가?

"내가 지녔던 것과 같은 진지하고 진솔한 마음으로 나를 대할 자신이 있는가?"

고흐가 별안간 뛰쳐나와 그렇게 호통칠 것만 같다는 생각에 잠기다 보니 대문이 잠겨 있음이 어쩌면 잘된 일이다 싶기도 하다. 화난 고흐가 자신의 귀를 잘랐던 면도칼을 들고 부릅뜬 눈으로 달려들 것만 같은 두려움이 일어서였다. 그러고 서 있는 시간이 길어질수록 자신이 자꾸만 오그라드는 느낌이 엄습해 오고, 이러다가 끝내는 누에 번데기처럼 쪼그라들어 버릴지도 모른다는 초조감마저 일었다. 연거푸 불을 붙인 두 개비째의 담배 연기를 후욱 내뿜으며 길바닥에 한참을 우두커니 서 있었다. 그렇게 고개를 떨구고 고흐의 꾸지람을 듣다가 회색 어둠 그늘이 골목마다 스믈스믈 기어 나올 무렵에야 터벅터벅 도로를 가로질러 이제 피곤한 기색이 역력한 로시난테의 등에 다시 오른다. 까닭 모를 설움이 와락 밀려왔다.

내 외로움의 뿌리에 대한 회상

3남 2녀라는 욕심은 외동처럼 외롭게 자란 서러움 때문인가 한다. 내가 태어났을 무렵만 해도 너댓 형제는 보통이고, 자녀가 열 명이 넘는 집안도 흔했다. 그럼에도 나에겐 형 또는 오빠라 부르는 아이는 6촌 범위에서도 없었다. 집마다 자녀가 많았던 이유로는 대가족 제도와 다산다복의 농경 사회 문화 영향과 함께 요즈음 같은 과학적 피임 방도의 부재 탓도 있다. 그리고 크다가 없어지는 수가 많았던 위생 수준 탓에 아기가 태어나도 한두 돌 지나서야 호적에 올려지곤 하였다. 행정 체계가 제대로 갖추어지지 않은 이유도 있지만, 열악한 의료 수준과 보릿고개나 전쟁 같은 힘든 시기의 대책 없는 생활 환경 때문이었다. 일단 두고 보다가 사람 모습을 갖추면 그제야 출생신고를 하기 예사였다.

아무튼 나는 아주 늦게 태어난 막내다. 부모님 말씀으로 나에게도 형제가 여럿 있었다 하셨다. 하지만 전쟁 통에 여섯이나 없어지고 내가 해아[孩兒] 때 이미 누님, 형님 각각 한 분씩만 계셨다. 더구나 누님은 내가 세상에 나오기도 전에 시집가 버려 함께 자란 기억이 없고, 외 조카가 나보다 두 살이나 더 많다. 어릴 적 외가에 다니러 온 그와 뛰어놀다 끼니때가 되어 '이제 밥 먹으라'는 엄마의 부르심에 그 조카를 보고 '형, 밥 먹고 놀자' 했더니 모두들 크게 웃으셨는데, 그때는 왜 그렇게들 재미나게 웃으시는지 몰랐었다. 형님과도 나이 차가 많아 내가 국민학교 저학년 때 이미 군대에 가 있었던가 싶고, 그 전후에도 형은 대처에 나가 있던 터라 보통의 형제들처럼 아옹다옹하면서 자란 추억이 없다. 형이 군에 있을 때 위문편지를 쓰곤 했었는데, 주소란에 명기해야 했던 군번이 가장 또렷이 남아 있는 형에 대한 기억이다. 10886***.

그러다 보니 늘 혼자인 듯 외롭게 자란 셈인데 어릴 적에 동무들이 형, 오빠 하는 소리가 그리도 부러웠다. 몇 살 때인지 어느 날은 동무들과 흙장난하며 놀다가 무슨 일 때문에 심통이 났다. 씩씩대며 집에 달려가서는 다짜고짜 엄마 치맛자락을 잡아당기며 '동생 하나 사 줘!' 하고 떼를 썼었다. 느닷없는 투정에 어이가 없으셨던지 엄마가 '야, 이눔아, 돈이 어디 있어서 동생 사 주노?' 하시기에 나는 앙앙대며 '돈 없으믄, 아부지를 장에 가서 팔면 되잖아!' 하고 땅바닥에 퍼질러 앉아 엉엉 울었던 기억이 난다. 아부지는 무섭기만 한 존재이고 정말 필요한 건 동생이었으니 그렇게 바꿀 수 있다면 좋겠다 싶었던 건데, 물론 아무리 그래 보아도 아부지는 팔리지 않았고, 진짜로 돈이 없었던지 동생을 사다 주지도 않았다.

고흐만 해도 6남매나 되었다는데 나는 그렇게 외롭게 자랐다. 그래서 아마 내 인생 도표에 과감하게도 3남 2녀를 등재했던 게 아닌가 싶다. 아무튼, 그 무렵에는 '아들딸 구별 말고 둘만 낳아 잘 기르자!' 또는 '잘 키운 딸 하나 열 아들 안 부럽다'며 산아 제한을 부르짖던 시절이었음에도 나는 국가 시책에 반하여 욕심을 부렸었다. 그러나 외교관이 된 뒤에는 진짜로 3남 2녀를 가졌더라면 망할 뻔했다는 생각을 한 적이 있다. 셋째부터는 학비 보조가 되지 않아서였다. 해외 근무 중에는 아이들을 외국인 학교에 보낼 수밖에 없는데 5명 중 3명의 외국 학비를 감당하려면 월급을 다 털어 넣어도 모자랄 지경이기 때문이었다. 1996년까지만 해도 그랬다. 출산을 적극적으로 장려하는 요즈음 같으면 솔선하여 나라 정책에 부응하는 모범 공무원이라 칭찬받지 않을까 싶다만, 이제 국가 정책에 동참하기에는 한참 늦은 나이라 아쉽다. 그래서 또 외롭다. 그리고 팔자 탓인지 중학교 졸업 이후로는 줄곧 타향살이 신세다. 20년도 넘게 해외 생활을 하고 있으니, 그래서 또

다 시 더 외 롭 다 .

고흐와 어깨동무하고 오베르 쒸르 오아즈로 가다

환각

민박집을 나설 때부터 길잡이를 자청하여 따라나섰던 태양이 고단한 듯 자주 서쪽 하늘을 흘깃거린다. 잔세스칸스의 멈춘 마을에서, 쾨켄호프의 아름다운 꽃밭에서, 킨데르데이크의 아담한 오솔길에서, 그리고 쥔더르트의 평온한 농장에서도 지칠 줄 모르고 길 안내를 하여 왔으나 이제 휴식이 필요한 시각이 되어 가노라 고하는 듯하다.

'그래, 이쯤에서 또 헤어져야지. 나도 이제 파리로 돌아가야 하고 너도 휴식이 필요하지. 풍차고 꽃밭이고 오솔길이고 간에 한결같은 열정과 눈부신 빛줄기를 지닌 자네가 있음에 그들이 빛날 수 있었음을 잘 아네. 편히 쉬시게나. 내일은 우리, 파리에서 다시 만나세.'

서서히 어스름 속으로 묻혀 가는 고흐의 고향 마을을 뒤로하며, 귀가를 재촉하고 있는 고속도로의 등에 업혔다.

그런데 점점 속도를 높여 갈수록 뒤에서 누군가가 자꾸만 소매를 잡아끄는 듯한 느낌을 받는다. 그리고 무언가 다급한 소리가 반복해서 들리는 듯하다. 쌩쌩대며 스쳐 가는 차량 소음 속에 갈라지는 목소리로 '제발 좀 멈추어 보라!' 소리치는 듯하다. 무슨 일이지? 분명 풍차는 물론 용 뮬러 아주머니며 고흐 생가와 태양과도 작별 인사를 나누고 떠났는데 무엇이 이처럼 뒷덜미를 잡는 거지? 고흐의 꾸지람도 진지하게 들어 드렸는데… 무언지 모를 이상한 기운에 홀린 기분이 되어 백미러를 흘깃거리는 순간 허름한 차림에 낡은 화구를 짊어진 한 사나이가 헐떡이며 뒤쫓아오는 모습이 얼핏 스친다. 고흐였다. 놀란 마음으로 눈을 비비며 다시 살펴본다.

고흐 동상

"가자!" 순식간에 따라붙은 고흐가 반쯤 내려진 차창 사이로 와락 손을 들이밀며 소리친다. 나는 엉겁결에 팔을 뻗어 야윈 고흐의 손을 덥석 움켜잡는다. 축축했다. 선혈이 뿜어 나오는 가슴을 움켜쥐었던 뜨거운 손. 빨강, 노랑, 파랑 원색 물감과 밀밭의 검붉은 흙으로 범벅된 고흐의 손은 끈적거리고 있었다. 가슴은 헤쳐지고 머리는 헝클어져 있다. 아직 채 가시지 않은 화약 냄새가 아릿하게 코를 찌른다. 무섭고 놀라웠다. 하지만 뿌리칠 수 없었다. 거부할 수 없는 이끌림에 고흐의 손을 꽉 잡은 나는 허둥거리는 그와 함께 바람처럼 어둠 속으로 내달린다. 가쁜 숨을 몰아쉬며 고흐는 오베르 쉬르 오아즈로 가자 한다.

오베르 쉬르 오아즈

고흐가 머물렀던 여관의 3층
계단 창문에서 내다본 마을 풍경

순식간이었다. 시공을 뛰어넘은 이변이었다. 풍차 날개에 걸려 내동댕이쳐진 돈키호테의 윗도리처럼 풀썩 던져진 곳은 파리 근교의 오베르 쉬르 오아즈. 고흐가 고뇌 찬 몸부림으로 뒤척이다 파란만장했던 삶을 비극적으로 마감했던 오베르 강가 언덕 마을이었다.

"내 영혼을 불사른 곳이야. 고통 그 자체인 삶의 숨통을 막아버린 곳이니 나에게는 고향마을 쥔더르트 이상으로 의미 있는 곳이기도 하지…"

고흐가 단숨에 내뱉는다. 로시난테는 여전히 파리를 향해 내닫고 있었지만, 나는 어느새 고흐와 함께 오베르 마을에 도착해서 그의 손을 잡은 채 골목길로 접어들고 있었다.

고흐의 아픔 - 오베르주 라부Auberge Ravoux 여관에서

"120년 전이야, 5월. 그러니까 1889년 5월 21일이었어. 서른일곱 되던 해였는데 갑자기 이곳에 굴러 들었지. 아니, 동생 테오에 의해 굴러 들여졌다고 하는 게 정확하겠군. 테오가 가셰인지 개쉐인지 정신병자 같은 정신과 의사에게로 데려다 주더라고. 치료가 시작되었지만 사실 난 치료에는 별 관심이 없었어. 그저 골목길 또는 언덕 위 밀밭에서나 좁은 하숙방에서 미친 듯 그림을 그려댔지. 5시경 눈을 뜨면 붓을 잡고 밤 9시가 될 때까지는 놓지 않았어. 그래도 답답한 마음은 가시지 않더군. 정말이지 환장하겠더라고. 그래서 막힌 가슴이라도 숨 좀 쉬게 뻥~ 하고 구멍을 내 버렸지. 두 달 남짓 고독한 내 영혼과 처절히 투쟁하다가 그렇게 훌훌 날아가 버렸어. 까마귀들과 함께 말이야. 바로 여기야. 그리고 하숙집…"

숨이 차는지 두어 번 쿨럭거리더니 지금은 박물관으로 꾸며진 하숙집 대문을 밀치고 들어선다.

"하루에 3.5프랑씩이었어. 이 동네에서 제일 싸구려 여관이었지."

어둡고 우중충한 계단을 따라 3층으로 올라서며 초췌한 모습을 한 고흐가 중얼거린다. 1인용 침대 외에 화구가 겨우 들어설 수 있을 정도의 두 평 남짓(7m^2) 비좁은 다락방이다. 여기서 자고 그리고 고뇌하다가 마을 뒤편 밀밭 언덕에 올라 스스로 자기 가슴에 권총 방아쇠를 당겼다. 그리고 가슴에서 흐르는 피를 두 손으로 움켜 안은 채 기어 내려와 침대 위에

박물관으로 꾸며진 라부(Ravoux) 여관

쓰러졌다. 이틀 뒤 동생 테오의 품에 안긴 채 '난 왜 이리도 잘하는 게 없지? 스스로 총을 쏘는 것마저도 실패하다니…. 이제 이 모든 것이 끝났으면 좋겠다'는 탄식과 함께 숨을 거둔다. 1890년 7월 27일, 뙤약볕이 불바다를 이루고 있던 여름날 오후였다.

그림 가게 점원으로 일하기 위해 헤이그로 간 이후로 계속되는 적응 실패와 실연으로 시간이 흐를수록 몸과 마음이 피폐해져 갔다. 화랑 일에 대한 염증과 해고, 책방 점원, 어학 교사나 평신도 설교사, 탄광 지대에서의 진보적인 선교 활동과 사목직 박탈, 미술 학교 등록과 곧 이은 퇴학, 약혼자가 있는 런던의 하숙집 딸 외제니 로이어에 대한 연모와 실연, 사촌이자 아이가 있는 과부 키보스와의 연정으로 인한 비난과 수모,

하숙방으로 오르는 계단과 좁은 하숙방

병들고 아이까지 있는 창녀 시엥과의 사랑과 연상의 여인 마고 베제만과의 불행한 사랑 등 온갖 아픔을 겪으면서 그는 점차 정신병적 상태가 된다. 크리스마스 이브에 면도날로 귀를 잘라 버리기도 하고(1888년), 급기야는 열두 달 동안이나 정신병원에 갇히는 신세가 되기도 하였다.

하숙집 딸 아들린 라부의 초상화

절망하는 고흐
- 언덕 위 밀밭에서

'까마귀 나는 밀밭'을 그린 다음 적막을 찢는 총성과 함께 고흐는 홀연히 밀밭 너머로 날아가 버렸다. 뮤즈Muse에게 도전하다 벌을 받아 수다스런 까치로 변한 피에로스의 딸들마냥 고흐는 스스로 까마귀가 되어 화폭 속에서 허둥대고 있다. 발작과 입원을 되풀이하면서도 맞닥트려지지 않는 진실의 통로를 그렇게 해서라도 찾아내고 싶었던 걸까? 짧은 생애의 마지막 작품이 되어버린 '까마귀 나는 밀밭' 그림판에 기대어 서서 시골향사 돈킴호테는 세 갈래 밀밭 길을 바라보며 하염없는 상념에 젖는다.

붓을 던지고 나서야 권총을 잡은 것이겠지만, 그림 속의 까마귀들은 그림 붓이 고흐의 손에서 떨어지기 전에 이미 혼비백산하고 있다. 이들은 방아쇠가 당겨지기도 전에 고흐의 마음으로부터 울리는 총성을 들었을 터였다. 아니, 고흐의 마음이 까마귀가 되어 버린 것일지도 모른다. 뭉툭 끊겨 있는 밀밭 길 때문일까? 그림에서 보이는 길은 세 갈래, 그중 고흐가 당당히 나아가야 할 가운뎃길은 저만큼 중간에서 덜컥 막혀 있다. 절망이다. 고흐는 그렇게 출구 없는 절망을 느끼고 좌절했나 보다. 걸을 수 없으니 날아야지. 그래서 '고통'이라 여긴 '살아있음' 자체를 일순에 없애버리고 만 것인가? 그리하여, 까마귀라도 되어 끊긴 그 길 위를 날고 있는 건가?

타는 정열의 격렬한 붓놀림으로 지독한 외로움과 처절한 고독을 화폭에 담아 보지만, 여전히 내면 깊숙한 곳에 자리한 아픔을 오롯이 표현하기에는 한계가 있다고 결론짓게 되었는지 모른다. 면도날로 귀를 잘라버린 것과 달리 미칠 것 같은 고독은 단칼에 싹둑 도려내 버릴 수가 없었다. 붓으로도 펜으로도 칼로도 아무리 내뱉고 도려내도 자꾸만 돌가루처럼 굳어가는 갑갑증을 벗어날 수 없었기에...

아무리 해도 마음 고통의 찌꺼기를 모두 쏟아놓을 가망이 없음에 낙망하고 기어이 자신의 가슴에 바람구멍을 내어서라도 숨을 좀 쉬고 싶었던 걸까? 산더미처럼 수북한 그의 편지들을 집히는 대로 뒤적거려 본다.

고흐의 고뇌를 듣다

고뇌하는 고흐
- 편지 中에서

'언젠가는 카페에서 나의 작품 전시회를 가질 방도를 찾을 수 있을 거라 믿어'

스스로 목숨을 끊기 한 달 전 사랑하는 동생 테오에게 그렇게 편지를 썼었다.

'나는 네가 단순한 화상이 아니라고 생각해왔다. 너는 나를 통해서 직접 그림을 제작하는 일에 참여하고 잇는 것이다'
'그래, 내 그림들, 그것을 위해 난 내 생명을 걸었다. 그로 인해 내 이성은 반쯤 망가져버렸지. 그런 건 좋다. 하지만 내가 아는 한 너는 사람을 사고파는 장사꾼은 아니다.'

숨을 거두는 마지막 날까지도 그에게 부치려던 편지를 품에 지니고 있었을 만큼 고흐는 진실로 믿고 의지하는 친구이자 후원자인 테오와 끊임없는 교감을 가졌었다. 그렇게 동생이나 지인들과 주고받은 수많은 편지(909통)의 일부를 통해서라도 고뇌하는 고흐의 아픔을 엿본다. 이들 편지 중에 가장 자주 등장하는 단어는 사랑과 돈, 그리고 예술이다.

'나는 사랑 없이는 살 수 없고, 살지 않을 것이고, 살아서도 안 된다. 나는 열정을 가진 남자에 불과하고, 그래서 여자가 있어야 한다. 그렇지 않으면 나는 얼어붙든가 돌로 변하거나 할 것이다. 사랑이 다시 살아나는 곳에서 인생도 다시 태어난다' (1880.)

'나는 아직도 말도 안 되는 연애 사건을 일으키곤 한다. 대개는 그런 사건으로 창피와 망신만 당할 뿐이지만, 그래도 그렇게 한 것이 전적으로 옳았다고 생각한다. 과거에 종교나 사회주의에 심취한 적이 있는데 그때 사실은 사랑에 빠졌어야 했다는 생각이 들곤 한다. 사랑에 빠지지 못해서 종교나 이념에 몰두하게 된 것이지.'(1887.)

사랑에 관한 솔직한 고백이다.

'왜 내 그림은 팔리지 않을까? 어떻게 해야 그림을 팔 수 있을까? 돈을 좀 벌었으면 좋겠다. "절대 안 된다"는 대답을 확인하기 위해 찾아갈 경비가 필요하다.' (1881.)

'그 무렵 나는 생활고에 찌든 나머지 잘 팔리는 그림을 그리려고 했어. 그것을 안 마우베는 불같이 화를 냈지. 그때는 나도 매일같이 양식을 몰수하러 나온 사람처럼 행동하는 마우베를 비정한 사람이라고 생각했어. 그러나 결국은 내가 잘못했던 거야. 얼마 안 가서 내 손으로 그 그림들을 모조리 부숴 버렸어.'

후원자이자 대선배 화가인 마우베에 대한 회상이다.

'화가는 무슨 생각을 하든, 돈 이야기는 본능적으로 피하려고 한다. 정말이지 우리 화가들은 자신의 그림을 통해서만 말할 수 있는 것 같아.'

'내가 돈 버는 일에는 아무런 관심이 없다고 생각하지는 말았으면 좋겠다.' (1882.)

생활을 위해 필요성을 느끼면서도 돈으로 그림값을 매기는 일은 혐오했다. 구필 화랑의 화상 일을 하면서도 '예술 작품의 거래는 일종의 조직적인 도둑질'이라 극언했을 정도로 돈에 관한 갈등이 많았었다.

예술 또는 그림에 관한 생각은 더욱 분명하다.

'예술은 우리의 기술, 지식, 교육보다 더 위대하고 고차원적인 것이라는 인식 말일세. 예술이 사람의 손으로 만들어졌다는 말은 사실이지만 단지 손에 의해서만 이루어졌다고는 말할 수 없네. 더 깊은 원천에서 바로 사람의 영혼에서 솟아나온 것 아닌가.' (1884.)

'그림이란 게 뭐냐? 어떻게 해야 그림을 잘 그릴 수 있을까? 그건 우리가 느끼는 것과 할 수 있는 것 사이에 서 있는, 보이지 않는 철벽을 뚫는 것과 같다. 아무리 두드려도 부서지지 않는 그 벽을 어떻게 통과할 수 있을까? 내 생각에는 인내심을 가지고 삽질해서 그 벽 밑을 파내는 수밖에 없는 것 같아. 그럴 때 규칙이 없다면, 그런 힘든 일을 어떻게 흔들림 없이 계속해 나갈 수 있겠니? 예술뿐만 아니라 다른 일도 마찬가지야. 위대한 일은 분명한 의지를 갖고 있을 때 이룰 수 있는 거지. 결코 우연으로 되는 것이 아니야.' (1882. 8.)

'내가 표현하고 싶은 것은, 감상적이고 우울한 것이 아니라 뿌리 깊은 고뇌이다. 내 그림을 본 사람들이, 이 화가는 정말 격렬하게 고뇌하고 있다고 말할 정도의 경지에 이르고 싶다. 어쩌면 내 그림의 거친 특성 때문에 더 절실하게 감정을 전달할 수 있을지도 모른다. 나의 모든 것을 바쳐서 그런 경지에 이르고 싶다. 그것이 나의 야망이다.'

그의 가장 아름다운 작품들을 전시할 계획으로 잠시 빌렸던 하숙방 바로 옆방

이처럼 그는 화가로서의 소명 의식을 분명히 했다. 예술을 통해 인류에게 위안을 주는 것이 자신의 소명이라 여겼었다.

이제 행복한 고흐
- 무덤 앞에서

고흐는, 서른일곱 해 짧은 생애 동안 그리도 높은 외로움의 벽과 부딪히고 깊이 모를 고독의 늪에 빠져 허우적거리다 끝내는 귀를 찢는 총성과 함께 산화해 버렸다. 자살했다는 이유로 장례식조차 교회가 아닌 식당에서 지내야 했다. 그리고 불과 6개월 뒤 사랑하는 동생마저 자신의 무덤 곁에 받아들여야 하는 아픔까지 겪었다. 그렇게 모든 게 절망 속에서 끝났다. 그러나 이제는 그리 아파 보이지만은 않는다. 그리도 아픈 가슴을 안고 서러이 사라졌던 두 형제는 밀밭 언덕 양지바른 곳에 나란히 누워 따사한 햇살을 온몸으로 맞으며 휴식하고 있다. 벽력같은 총성과 함께 날아올랐던 까마귀들은 이제 하얀 솜털 옷 둘러 입은 뭉게구름이 되어 두 형제의 무덤을 어루만지며 오간다.

고흐와 동생 테오의 무덤

두 형제는, 이제 다정스레 서로 손잡고 도란도란 옛이야기 나눈다. 때로는 햇살 안은 담장에 기대어 앉아 찾아오는 모든 이를 부드러운 미소로 맞이한다. 그림에 대해서 말한다. 편지에 관해 얘기한다. 고뇌의 시절을 회상한다. 지금은 그림 붓도 만년필도 가지지 않았지만, 포근한 밀밭이 팔레트이고, 드넓은 하늘이 캔버스이고, 끊이지 않고 바쳐지는 꽃줄기가 펜대이며 찾아오는 이들의 가슴이 편지지이다. 그래서 더는 외롭지 않다. 언덕을 타고 불어오는 산들바람이 친구가 되고, 혼을 담아 그리던 해바라기는 태양이 되어 밝게 빛난다. 5월 햇살 아래서 지켜보는 두 형제의 모습은 이제 차라리 편안해 보인다. 이들 아름다운 두 형제 앞에 멈추어 선 돈키호테도 함께 평화를 느낀다.

까마귀 나는 밀밭 언덕 들판(고흐 무덤 앞)

소박한 형제의 무덤에는 고흐의 또 다른 형제처럼 여겨지는 해바라기가 누군가에 의해 바쳐지고, 자유, 평등, 박애 삼색의 프랑스 국기가 곁을 지키며 넋을 위로하고 있다. 그 앞에서 나는 숙연한 마음으로 산 자와 죽은 자의 행복에 관해 생각한다. '살아 있는 그 자체가 인생의 고통이다.' 마지막 숨을 몰아쉬며 고흐는 말했다지.

편안해진 고흐
- 가셰 박사, 그리고 도비니

돈키호테의 요상한 변설을 듣고 한결 마음이 편안해진 고흐는 이제 그의 주치의였던 가셰 박사Paul Gachet(1828~1909)를 문안하자 한다. 궁핍한 생활과 갈증을 채우지 못한 아픈 사랑 등으로 말할 수 없이 지친 정신 상태에서 테오의 권유에 따라 찾았던 정신과 의사이다. 인상파 미술품 수집가로 그의 후원자이기도 하고, 자신이 숨을 거둔 장소며 죽음의 모습을 4장의 그림으로 남기기도 한 친구이기도 하단다. 고흐의 재촉에 다시 어깨동무하고 밀밭 언덕을 내려와 마을 어귀에 세워진 이정표를 따라 가셰 박사의 집으로 걸음을 옮긴다. 그의 집은 고흐가 머물렀던 하숙집에서 30분쯤 걸어야 하는 산기슭에 자리하고 있었다.

고흐 마을 이정표

'결국은 훌륭한 것이었다.' 정성 들인 치료에도 불구하고 병세는 악화하고 끝내는 스스로 가슴을 찢어 '고통이라 여겨지는 살아 있음' 자체를 없애버리게 한 가셰 박사의 치료는 잘못됨이 없었다고 고흐는 말한다. 그러기에 '결과적으로 극단적인 치료 방식이 되어버린 그 일'을 따지러 간 건 아니었는데, 가셰 박사는 어디로 도망이라도 친 건지 대문은 굳게 닫혀 있었다. 그럼에도 고흐는 '잠시 기다리라.' 말하고는 성큼 담장 너머로 사라진다. 그리고 한참이나 지나서야 미소 띤 얼굴로 되돌아 나오더니 이제는 밀밭 위 묘지로 다시 데려다 달라 한다. 가셰 박사는 집에 없었지만, 그의 초상화를 한 장 더 그려 놓고 온 건지도 모르겠다.

"내가 그려준 그의 초상화가 100년 뒤(1990. 5. 15)이기는 하지만 무려 984억 원(8,250만 달러)에 팔렸지. 뉴욕 크리스티 경매에서. 당시로써는 미술품 경매 사상 최고가였어…"

남의 일처럼 중얼대며 덧붙인다.

가셰 박사의 집과 그의 초상화

가셰 박사 길을 되짚어 나와 쥔더르트 길Rue de Zundert을 지나며 자신이 동상 되어 서 있는 공원에도 들러 잠시 앉았다 일어선다. 그리고 좌측으로 접어들어 화구를 들고 마을 어귀를 지키고 있는 도비니도 만난다.

"그의 정원을 두 번이나 그렸었지. 그때 느낀 색조에 관해 테오에게 편지도 쓰고 말야."

자신이 묵었던 하숙집에 머무르기도 하였던 선배 도비니는 궁정 화가로 나폴레옹의 대관식을 그리기도 하였고, 19세기 말 인상파 화가들에게 큰 영향을 끼쳤노라 설명을 보탠다.

도비니Charles-François Daubigny(1817.2.15.~1878.2.19.) 동상

이 자그마한 이 마을에 자신의 이름을 딴 고흐 길Rue Van Gogh뿐 아니라 도비니, 세잔, 드골, 미테랑, 파스퇴르, 대문호 빅토르 위고, 시인 프랑수아 비용Villon 등 삐적지근한 인물들이며, 프랑스, 파리, 로마 길까지 이름만 들어도 신나는 길 이름들이 곁에 곁에 연이어 늘어 서 있다. 그래서인지 고흐는 이제 더는 외롭지 않아 보인다.

어깨동무하고 돌아다녔던 고흐를 그의 영원한 안식처에 내려주고 이제 작별의 손을 흔든다. 언덕배기 밀밭을 휘돌아 교회 쪽으로 난 덤불길을 거쳐 계단을 내려서는데 어디선가 푸르륵거리는 소리가 연이어 들려온다. 무슨 일인가 하고 전방을 주시한다. 눈을 비비며 거듭 살피자니 희미하게 퍼덕대는 소리가 날 때마다 앞유리 여기저기에 흐릿한 얼룩이 점점

오베르 쒸르 오아즈 시청

두텁게 번지고 있었다. 왼손으로 와이퍼 레버를 가볍게 누른다. 그때마다 외팔이 와이퍼는 희뿌연 세정액을 찔끔 뿜어 놓으며 두어 번씩 휘젓다 멈추곤 한다. 어스름이 내려앉기 시작한 고속도로를 달리는 차창마다에 하루살이며 나방들이 앞다투어 몸을 던져 밀밭을 그려내고 있었다. 고흐와 함께한 이상한 동행에서 막 깨어난 눈으로 톰톰을 살피니 로시난테는 어느새 벨기에 땅을 벗어나려 하고 있었다.

오베르 교회

VINCENT VAN GOGH - L'ESCALIER D'AUVERS (AVEC CINQ PERSONNAGES)
Art Museum, Saint Louis (Missouri)
Aujourd'hui Montée de la Sansonne, aux marches nivelées.
"Les gens, cela vaut mieux que les choses". (Vincent van Gogh)

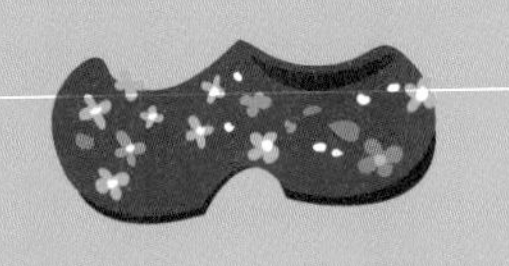

귀로

신식 풍차 행렬

세 날개 풍차

와이퍼의 수고로 맑아진 차창 너머로 허여멀겋게 미끈한 모양의 신식 풍차가 길게 도열하여 전송한다. 그런데 이 녀석들은 날개가 세 개뿐이다. (4 +2)÷2=3? 잔세스칸스며 킨데르데이크의 네 날개 풍차와 오베르 밀밭을 나는 까마귀의 두 날개가 어우러지고 나누어져 탄생하였는지 날개가 셋만 달렸다. 하지만 훌쩍 큰 키로 줄지어 서서 뱅글거리고 있는 모습들이 제법 세련되다.

신식 교육을 받은 현대식 풍차이니만큼 부산한 고속도로변에서도 잘 자라는가 보다. 어떤 친구들은 갯벌이나 방파제, 심지어 바닷속까지 서슴없이 뛰어들기도 하는데, 겁 없는 녀석들은 북해와 발트 해에까지 아랫도리를 담그고 있다 한다. 영양 상태가 좋아서인지 모두 늘씬늘씬 잘 빠진 용모로 줄 서서 몸매를 뽐내고 있다. 땅딸막한 키에 네 개의 날개를 달고 삐걱삐걱 돌아가는 옛 풍차와는 생김새가 사뭇 다르다.

풍차 공략을 목표 중 하나로 정하고 출정하였던 만큼 돈킴호테는 롱 다리에 말끔한 신세대 풍차의 정체를 그냥 지나칠 수 없다. 대강이라도 이들의 족보도 뒤져 본다. 이 친구들은 대개 1980년대에 태어난 서른 살 전후의 청장년들이다. 바로 2차 석유 파동 직후 국제 사회에 풍력

발전 시스템이 본격적으로 도입되기 시작한 시기이다. 미국에서 처음 탄생한 이들은 연방과 주정부의 지원 제도에 힘입어 빠르게 보급이 확산하였고, 급기야 백두대간 산등성이 등 우리나라 곳곳에서도 자라나기 시작했다. 이처럼 지금은 날로 인기를 더해 가고 있는 풍차계의 아이돌이다.

이름은 '프로펠러형 풍차', 성은 '캘리포니아 프씨'. 풍력 발전은 재생 가능 에너지 중에서도 경제성이 양호하고 이산화탄소 CO_2를 발생시키지 않는 청정 자원으로 주목되고 있어 세계 각지에서 이들의 입양이 추진되고 있다. 이들 풍력 발전 설비의 출력은 풍속의 3승에 비례하지만, 바람을 받는 면적과 관련하여서는 날개 길이의 2승에 비례한다. 따라서 풍속이 빠르고 블레이드 길이가 커질수록 발전 출력이 높아진다. 평균 풍속이 30㎞는 넘어야 적당하다. 아무튼, 이 친구들은 네덜란드형 네 날개 풍차와는 달리 팔이 세 개 달린 놈, 두 개 달린 녀석, 그리고 한 날개만으로 분투하는 외팔이 모양도 있다. 좌우간 여러 형태로 변신하여 뱅글거리는 풍차들로 인해 디지털 병기 당구공도 뱅글뱅글 어지럽다.

국경, 그리고 일체유심조一切唯心造

국경

줄지어 선 키다리 신세대 풍차들을 하나둘 세며 달리다 보니 어느덧 국경 지대로 접어든다. 앞으로만 내달으며 휘날리는 로시난테의 말갈기 저 너머에 우중충한 모습의 장애물이 등장한다. 어제 만났던 깍두기 징수원들을 대동한 톨게이트인가 하였으나 좀 더 다가가 보니 사람의 움직임을 막아서는 크로스바는 보이지 않는다. 멀쩡한 고속도로를 가로로 걸터앉아 막고 있는 이 길쭉한 콘크리트 건물은 곧 다른 나라의 땅으로 넘어서게 될 거라 알리고 있을 뿐 버려진 상태이다.

그러고 보니 한때는 국경을 넘나드는 여행객들에게 무섭고 까다롭게 군림하던 국경 초소 건물이다. 유럽연합EU으로 한 나라처럼 묶이기 전에는 출입국 관리들이며 환전소 직원들이 스물네 시간 부산을 떨던 곳이련만, 이제는 퇴색한 양국 국기들만 깃봉에 남아 펄럭일 뿐 적막하다 못해 스산하기까지 하다. 유럽연합의 중심 국가인 프랑스에서 살고 있으면서도 평소에는 EU의 현실을 별반 느끼지 못하다가 이제 무용지물이 된 국경 검문소를 대하고서야 세상 바뀌었음을 실감한다.

지키는 사람이 없으니 당연히 국경 통과에 따른 절차 같은 건 없다. 그래도 한 나라에서 다른 나라로 넘어서는 일인데 달려가는 속도 그대로 멈칫거리지 않고 통과하자니 다소 싱거운 기분이 들었지만, 로시난테는 어물쩍하는 사이 국경선을

넘어섰다. 그렇게 프랑스 땅에 들어오긴 했으나 집까지는 아직도 먼 길이 남아 있어 세 시간 정도는 족히 더 달려가야 한다. 그럼에도 프랑스 땅에 들어섰다고 생각하니 마치 고향에라도 온 듯한 기분이 된다. 프랑스도 벨기에도 나에겐 남의 나라 일뿐인데도 저쪽은 다른 나라, 여기는 내가 살고 있는 땅이라 여기니까 마음이 달라지는 게 새삼 우습다. 아스팔트 위에 그어놓은 흰색 점선 하나 건넜을 뿐인데 말씀이다.

벨기에 프랑스 국경 옆 검문소

물론 이 선 하나 앞뒤로 국력 차이는 크다. 프랑스는 3조 달러에 가까운 GDP로 다섯 번째 경제 대국이고, 벨기에는 4천5백억 달러 정도로 우리나라보다도 뒤지는 19위에 그친다. 하지만 프랑스 국민도 벨기에 백성도 아닌 나그네 입장에서는 그따위 경제 지수는 그리 관심사가 아니다. 그러나 경계선이라는 존재가 주는 의미가 새삼 흥미롭다. 기실 국경선이라며 그어 놓은 선 하나 차이로 사람들이 이 나라 저 국가라 할 뿐 토양도 수종도 풍광도 경계선을 넘어섰다고 급격히 달라지는 건 없다. 뿌리는 이편 땅에 내리고 있으면서 가지의 대부분은 저편 영역에 드리우고 있는 나무도 있고, 강물은 이편으로 넘어왔다가 다시 저쪽 영토를 휘돌아 나가기도 한다. 새나 들짐승은 이따위 경계선 같은 것에는 아무런 걸림 없이 무시로 드나든다. 그저 사람들이 어느 날 그어 놓은 금일 뿐이다.

그런데도 사람 마음이 그렇다. 경계 표시가 없었다면 한참을 더 나아갔다 해도 같은 마음일 터인데 하잘것없어 보이는 선 하나 때문에 이러한 마음 변화를 겪게 된다. 또다시 삼천포로 빠지기 시작한 돈킴호테는 문득 내 마음에 그어진 선과 벽을 생각한다. 지금껏 얼마나 많은 금을 긋고 지우고, 얼마나 높은 벽을 쌓고 허물어 가며 살아왔던가? 그리고 지금 내 마음에 남아 있는 선과 벽들은 얼마나 갈래갈래 복잡한가? 거듭남을 의미하는 것이 '중생'이라 하였다는데, 이 불쌍한 중생 돈키호테가 거듭나는 길은 무엇이란 말인가?

'심생즉종종법생心生則種種法生 심멸즉함분불이心滅則龕墳不二, 마음이 나야 모든 사물과 법이 나는 것이요, 마음이 죽으면 곧 해골이나 다름이 없도다!' 유럽 남의 나라 땅 경계선에 뜬금없이 화쟁국사和諍國師 원효대사가 묵직한 지팡이를 짚고 나타나 일갈하신다. '일체유심조!' 인생사 마음먹기 달렸다 하신다. 화엄경은 페이지를 넘기며 묵직하게 설파한다. '삼계허위三界虛僞 유심소작唯心所作', 욕계欲界, 색계色界, 무색계無色界의 삼계가 허위이니 오직 마음만이 모든 것을 만드는 것이라 타이른다. 마음으로 행복하다 여기면 행복할 것이고, 마음에서 고통을 느낀다 하면 그대로 고통의 바다에 있을 거라 한다. 고흐는 아직 젊어서 마음 다스림에는 서툴렀던 것일까? 하기야 말 그대로 쉬운 일은 결코 아니지, 고흐나 돈키호테가 원효가 아닌 다음에야.

선, 선, 선.

넙죽 엎드려 원효대사의 육환장六環杖을 부여잡고 있는데 국경선이라 불리는 금이 스멀스멀 다가오더니 삽시에 온몸을 휘감는다. 그리고 어느새 가슴 깊은 곳까지 들어와 마음에 세우고 그어 놓은 벽과 선 모양을 따라 가닥가닥 엉클어진다. 어떤 것은 수긍하고, 때로는 아니라 도리질해 보지만 이미 촘촘한 올가미가 된 선線은 사정없이 옥죄어 올 뿐이다. 벗어나려 용을 써 보아도 소용이 없는 일이었다. 당황스러웠다. 하지만 당장은 어찌할 수 없으니 집으로 돌아간 연후에나 차근차근 이 난마亂麻를 풀어낼 방도를 찾아야 할 모양이다. 차분히 홀로 앉아 마음 바닥에 그은 선과 세운 벽과 막

은 칸들을 찬찬히 간추리고 뭉개야지. 달동네 재개발하듯 부술 건 부수고 날릴 건 남김없이 날려 버려야지. 그래서 비울 수 있는 만큼 최대한 비워야지. 그래야 내가 다시 살겠지.

국경선 때문에 졸지에 혼란해진 마음을 다독거려가며 달리다가 수 *km* 전방에 휴게소가 있다는 안내판을 보고서야 잠시 쉬었다 가야지 한다. 그러고 보니 시장기도 고개를 든다. 휴게소 진입로를 지나쳐 버리지 않도록 유의하며 미끄러지듯 갈래 길로 접어든다. 이제 지닌 식량은 바닥난 상태라 매점에 들러 몇 개의 빵과 마실 것을 샀다.

어디서 출발하여 어디로 가는지도 모를 선들이 끝없이 달리고 있다. 선, 선, 선. 연결하는 물건인가? 가르는 존재인가?

줄지어 늘어선 가로등들이 저마다 길게 목을 빼고 돈킴호테의 귀환이 반가운 듯 깜빡거린다. 그리고 '돈 킴호테의 별난 소풍' 놀이가 과연 어떠하였는지 앞 다투어 물어 온다.

명멸하는 가로등 - 파리 근교

이제 사방은 커튼을 두른 듯 가라앉은 어둠 터널이다. 앞서가는 차들을 좇아 허덕대며 내닫다 보니 파리가 멀지 않다는 이정표가 얼굴을 내민다. 곧 다시 등장한 깍두기 패거리 톨게이트에서 어제와 같은 금액의 통행료를 상납한 다음 갓길에 잠시 멈추어 섰다. 이미 자정이 가까워져 오는 시각이라 도로는 한산하고 더 이상은 빵빵대는 난장이들의 나팔 소리도 들리지 않는다.

돌아라, 돌아라, 풍차야

친구들에게

"어디론가 훌쩍 떠나보고 싶었어. 지루한 일상에서 벗어나 잠시라도, 자연이든 예술이든 순수함을 지닌 것들에 묻혀 엉켜있는 상념들을 간추리고 추슬러보고 싶었던 거야. 오랫동안 내면의 나는 저만큼 밀쳐놓은 체 피상皮相의 이끌림대로만 움직여 왔다는 자괴감이 부글거리고 있던 참이었기 때문이지. 마침 찬란한 5월 햇살이 거부할 수 없는 미소로 유혹하고 있었고, 최근 부쩍 친해진 카메라가 눈을 반짝이며 어디든 나들이를 재촉하고 있는 중이기도 했거든.

불쑥 카메라를 둘러매고 집을 나섰어. 눈부신 아침 햇살을 받아 반짝이는 세느강이 봄기운을 퍼 나르고 있던 5월 첫날에. 무언가 신선한 전환점을 가져보자 싶은 마음이 쑥부쟁이처럼 자라고 있었기에 말이야.

짧은 여정이었지만, 멋진 소풍이었네.

널찍한 풍차 날개는 너저분한 마음 찌꺼기를 시원하게 날려 주었고, 화사한 튤립 꽃밭은 오래간 침잠해 있던 내 마음을 한층 밝게 하여 주었다네. 아름다운 풍차 들판은 동화 속 풍경 같았지. 타임머신이 되어 오래전 어린 시절로 데려다 준 할아버지 풍차와 멈춘 마을, 잠깐 사이에 재미난 이벤트를 선사한 동그라미 풍차 헤라클레스도 참 재미나더군. 황홀경을 선사한 튜울립 화원과 그림 같은 킨데르데이크의 오솔길은 한동안 침잠해있던 내 마음 길을 환하게 밝혀 주었지…"

단숨에 늘어놓다 보니 호흡이 고르지 못하여 마른 침을 꼴깍 삼켜가며 몇마디 덧 붙인다.

"그뿐만 아니라, 위대한 환쟁이 고흐는 삶의 고뇌와 행복에 관한 이야기로 많은 생각을 하게 해 주었어. 그리고 쾨켄호프의 멋쟁이 아낙네들, 자전거 탄 용 필러르 아주머니, 말, 고양이, 오리, 꿩, 들새며 석양까지도 진심으로 환영하여 주더라고. 그들은 지금 나의 가슴 한복판에서 함께 어우러져 흥겹게 돌아가고 있다네. 자네들도 허구한 날 그렇게 멀뚱히 서 있기만 할 게 아니라 한번 나서 보게나.'

'참 좋았다' 한마디 하려던 거였는데 나도 모르게 흥분되어 열변을 토하게 되었다. 여행담이란 게 꼭 머슴아들 군대에서 축구 하던 얘기 같아서 떠드는 본인만 신 나고 듣는 사람은 지루한 법인데 싶은 걱정도 들었으나, 용감한 시골 향사 돈키호테는 내친김에 한 마디 더 보태기로 한다. 들판 만찬 때처럼 황제라도 된 듯 쿨럭 헛기침을 한 다음 짐짓 목청을 높인다.

"에~ 또… 그러니까, 여행은 무엇을 얻으러 가는 길이 아니라, 버리러 떠나는 일이라네. 그러니 될 수 있으면 몰려다니지 말고 홀로 떠나 보시게. 아침에는 가능한 한 일찍 깨어나는 게 좋을 거야. 아침 이슬과 속삭이는 대지의 숨소리에 귀 기울이며 안갯속을 걷거나, 평원을 딛고 솟아오르는 아침 햇살과도 온몸으로 맞서 보게나. 그리고 붉게 타오르며 천지를 물들이는 저녁노을도 가슴 가득 안아 보시게. 갈대나 풀잎이나 이름 모를 들꽃과 얘기 나눠 보는 것도 좋을 걸세. 뜻밖에 소득이 적지 않을 거라 둘시네아 공주님 이름을 걸고 장담하네!"

마치 개선장군이라도 된 듯 가로등을 2열 종대로 세워 놓고 일장연설을 했다.

늦은 시각임에도 부동자세로 꼿꼿이 서서 경청하는 그들의 자세가 가상해서 찰칵 단체 사진을 박아 준다. 목소리가 컸는지 페리페리크에 둥그렇게 늘어선 가로등들이 껌뻑껌뻑하며 휘청거리고 있었다. 그때까지도 잠들지 않고 있던 파시 골목으로 들어서면서 돈킴호테는 잠꼬대처럼 중얼거렸다.

"돌아라, 돌아라, 풍차야.
고통의 분쇄를 위해,
평화의 샘을 퍼 올리기 위해,
씻어버려야 할 불명예를 위해…"

한 바탕 유쾌한 소풍이었다. 그간 여행의 기회야 적지 않았지만 이처럼 가벼운 기분으로 홀로 나서기는 처음인데, 동화책에서나 보아온 풍차를 만난 것도 처음이고, 낙원인가 할 정도로 눈부신 꽃밭 산책도 신선한 경험이었다. 우연히 마주친 순수한 사람들과의 만남도 값지고, 혼자 생각하며 보내는 시간들이 즐거웠다. 가면놀이 하듯 돈킴호테로 자처하고 유쾌하게 풍차 날개처럼 휭휭 돌아 상상의 나래를 펴면서, 이런저런 욕심과 상념들을 털고, 잊고, 날려 보냈다. 여행자들을 만나 나눔에 대해 생각하고, 풍차 주인을 만나 용서를 배우고, 고호를 만나 귀한 충고도 들었다.

불과 이틀간의 짧은 여정이었으나 내게는 참 의미있는 시간이었다. 고흐는 특별한 길동무가 되어 여행길 내내 함께하며 많은 것을 생각하게 해주었다. 삶이 즐거운지, 무엇을 위해 살며 열정은 있는지, 그림이든 글이든 자신을 표현해 보고자 노력해본 적은 있는지, 진정한 사랑을 하여본 적이나 있는지… 겨우 서른일곱 해 머물다간 고흐보다 갑절을 더 산다한들 우리네 삶은 참으로 짧은 순간 머물다 가는 소풍에 불과할 터, '인생이란 낯선 여인숙에서의 하룻밤'이라 비유한 테레사 수녀님의 말씀을 곱씹어 볼 수 있는 시간도 되었다. 홀로 여행이준 선물이 아닐까 한다.

초판 1쇄 인쇄 2016년 04월 15일
초판 1쇄 발행 2016년 04월 21일

지은이 김진만
펴낸이 김양수
표지 본문 디자인 이정은 **교정교열** 장하나

펴낸곳 휴앤스토리 **출판등록** 제2016-000014
주소 (우 10387) 경기도 고양시 일산서구 중앙로 1456(주엽동) 서현프라자 604호
대표전화 031.906.5006 **팩스** 031.906.5079
이메일 okbook1234@naver.com **홈페이지** www.booksam.co.kr

ⓒ 김진만, 2016

ISBN 979-11-957879-0-6 (03920)

* 이 책의 국립중앙도서관 출판시도서목록은 서지정보유통지원시스템 홈페이지(http://seoji.nl.go.kr)와 국가자료공동목록시스템(http://www.nl.go.kr/kolisnet)에서 이용하실 수 있습니다. (CIP제어번호 : CIP2016009703)
* 이 책은 저작권법에 의해 보호를 받는 저작물이므로 무단전재와 무단복제를 금지하며, 이 책 내용의 전부 또는 일부를 이용하려면 반드시 저작권자와 휴앤스토리의 서면동의를 받아야 합니다.

* 파손된 책은 구입처에서 교환해 드립니다. * 책값은 뒤표지에 있습니다.